U0589394

站在巨人肩上

从舍勒谈有机化学

刘枫　主编

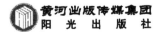

黄河出版传媒集团
阳 光 出 版 社

图书在版编目（CIP）数据

从舍勒谈有机化学 / 刘枫主编 .-- 银川：阳光
出版社，2016.7（2022.05重印）
（站在巨人肩上）
ISBN 978-7-5525-2783-4

Ⅰ.①从… Ⅱ.①刘… Ⅲ.①舍勒，K.W.（1742–
1786）–生平事迹–青少年读物②有机化学–青少年读
物 Ⅳ.① K835.326.13–49 ② 062–49

中国版本图书馆 CIP 数据核字 (2016) 第 178978 号

站在巨人肩上　从舍勒谈有机化学　　　　　　　　刘枫　主编

责任编辑　金小燕
封面设计　瑞知堂文化
责任印制　岳建宁

黄河出版传媒集团
阳 光 出 版 社　出版发行

地　　址　宁夏银川市北京东路139号出版大厦 （750001）
网　　址　http://www.ygchbs.com
网上书店　http://shop129132959.taobao.com
电子信箱　yangguangchubanshe@163.com
邮购电话　0951–5047283
经　　销　全国新华书店
印刷装订　天津兴湘印务有限公司
印刷委托书号　（宁）0020176

开　　本　710 mm×1000 mm　1/16
印　　张　8.5
字　　数　136千字
版　　次　2016年7月第1版
印　　次　2022年5月第2次印刷
书　　号　ISBN 978-7-5525-2783-4
定　　价　35.80元

前　言

　　哲人培根说过:"读史使人睿智。"是的,历史蕴含着经验与真知。

　　科学的发展是一个漫长的过程,一代又一代的科学家曾为之不懈努力,这里面不仅有着艰辛的探索、曲折的经历和动人的故事,还有成功与失败、欢乐与悲伤,甚至还饱含着血和泪。其中蕴含的人文精神,堪称人类科技文明发展过程中最宝贵的财富。

　　本系列丛书共 30 本,每本以学科发展状况为主脉,穿插为此学科发展做出重大贡献的一些杰出科学家的动人事迹,旨在从文化角度阐述科学,突出其中的科学内核和人文理念,提升读者的科学素养。

　　为了使本系列丛书有一定的收藏性和视觉效果,书中还汇集了大量的珍贵图片,使昔日世界的重要场景尽呈读者眼前,向广大读者敬献一套图文并茂的科普读本。

　　由于编者水平有限,加之时间仓促,疏误之处在所难免,敬请广大读者批评指正。

编者

目　录

舍勒的自我介绍

名句箴言

乐，莫过于从科学发现中产生出来。发现之乐，使我心中愉快。

——舍勒

自我介绍

我是卡尔·威廉·舍勒（Carl Wilhelm Scheele），瑞典化学家，氧气的发现人之一，同时对氯化氢、一氧化碳、二氧化碳、二氧化氮等多种气体，都有深入的研究。

1742 年 12 月 19 日，我出生在瑞典的斯特拉尔松。在我 14 岁的时候，父亲把我送到班特利药店当了小学徒。药店的老药剂师马丁·鲍西,是一位好学的长者,他整天手不释卷,孜孜以求,学识渊博,同时,又有高超的实验技巧。马丁·鲍西不仅制药,而且还是哥德堡的名医,在哥德堡的市民看来,鲍西简直就像古希腊的盖伦和中国的扁鹊、华佗一样,他的高超医术,在广大市民中,像神话一样地流传着。马丁·鲍西的言传身教和细心指导,对我产生了极为深刻的影响。工作之余我勤奋自学,如饥似渴地阅读当时流行的制药化学著作,还学习了炼金术和燃素理论的有关著作。我喜欢自己动手,亲手制造了许多实

舍勒铜像

验仪器,晚上还在自己的房间里做各种各样的实验。我还曾因一次小型的实验爆炸引起药店同事的许多非议,幸而有马丁·鲍西的支持和保护,我才没有被赶出药店。我在药店里边工作,边学习,边实验,经过近 8 年的努力,我的知识和才干有了很大长进,从一个只有小学文化的学徒,成长为一位

知识渊博、技术熟练的药剂师。同时,最令自己欣喜的是我也有了自己一笔小小的"财产"——近 40 卷化学藏书,一套精巧的自制化学实验仪器。然而,正当我准备大展宏图的时候,生活中却出现了一个不幸,马丁·鲍西的药店破产了。药店负债累累,无力偿还债款,只好拍卖包括房产在内的全部财产。就这样,我失去了生活的依托,失业了。我只好孤身一人,在瑞典各大城市游荡。后来,我在马尔摩城的柯杰斯垂姆药店找到了一份工作,药店的老板有点像马丁·鲍西,很同情我的遭遇,并且支持我搞实验研究。他给了我一套房子,以便我居住和安置藏书及实验仪器。从此,我结束了游荡生活,再不用为糊口奔波。环境安定了,我又重操旧业,开始了我的研究和实验。

读书,对我的启发很大,因为从前人的著作中我学会很多新奇的思想和实验技术,尤其是孔克尔的《化学实验》,给我的启示最大。

实验,使我探测到许多化学的奥秘,经过多年的实验,我的实验记录有数百万字,而且在实验中,我也创造了许多仪器和方法,甚至还验证过许多炼金术的实验,并就此提出自己的看法。

后来工作的马尔摩城柯杰斯垂姆药店,靠近瑞典著名的鲁恩德大学,这给我的学术活动提供了方便。马尔摩城学术气氛很浓,而且离丹麦的名城哥本哈根也不远,这不仅方便了我的学术交流,同时也使我得以及时掌握化学进展情况,买到最新出版的化学文献,这对我自学化学知识有很大的帮助。从学术角度考虑,我认为真正的财富并不是金钱,而是知识和书籍。因此,我特别注意收藏图书,每月的收入,除了吃穿用,剩下的几乎全部用来买书。由于我潜心于事业,且为人正派,救困扶贫,因此,我在学术界的声望很好。我研究化学专心致志,对一切问题,都愿意用化学观点来解释。

在科平城,我经营的药店名气很大,收入可观。我也十分喜欢这种把科学研究、生产商业活动有机地结合在一起的工作。虽然有几所大学慕名请我任教授,但都被我谢绝了,因为我觉得药房确实是一个很好的研究场所,所以我不愿意离开。

1767年在对亚硝酸钾的研究中我发现了氧气。起初,我通过加热硝石得到"硝石的挥发物"的物质,但对这种物质的性质和成分,当时尚不能解释。我为深入研究这种现象废寝忘食,我曾对朋友说:"为了解释这种新的现象,我忘却了周围的一切,因为假使能达到最后的目的,那么这种考察是何等的愉快啊!而这种愉快是从内心中涌现出来的。"我曾反复多次做了加热硝石的实验,发现把硝石放在坩埚中加热到红热时,会放出气体,而加热时放出的干热气体,遇到烟灰的粉末就会燃烧,放出耀眼的光芒。这种现象引起我极大的兴趣,我意识到必须对火进行研究,但是我注意到,假如不能把空气弄明白,那么对火的现象则不能形成正确的看法。

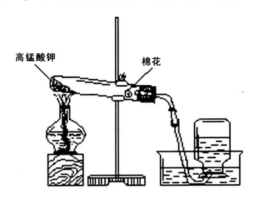

高锰酸钾　　　　　棉花

加热高锰酸钾制取氧气的装置

我制取氧气的方法比较多,主要有:

（1）加热氧化汞;

（2）加热硝石;

（3）加热高锰酸钾;

（4）加热碳酸银、碳酸汞的混合物。

我把这些实验结果,整理成一本书,书名叫《火与空气》。此书书稿1775年底送给出版家斯威德鲁斯,但一直到1777年才出版,书稿在出版社压了两年。书稿不能按时出版,对此我十分不快。我发现氧的优先权,也因出版商的耽误而被人夺去了。

我还对空气的成分进行过出色研究,并为此做过许多杰出的实验。

第一个实验是把湿铁屑放在倒置于水中的密闭容器中，几天以后，铁屑生锈，空气大约减小了 1/4，容器中剩下的 3/4 空气，可以使燃烧的蜡烛熄灭。

第二个实验是把一小块白磷置于倒置于水中的密闭容器中，让白磷在密闭容器中燃烧，器壁上沉积了一层白花，并且空气的体积减少了 1/4。

类似以上的实验，我曾做过多次，都发现空气是复杂的。我对这类实验做的假定性说明是："空气是由两种性质不同的流体组成，其中一种表现出不能吸引燃素的性质，即不助燃，而占空气总量 1/3～1/4 的另一种流体，则特别能吸引燃素，即能助燃。"我还把不助燃的空气称为"浊空气"，把助燃的空气称为"火空气"，火空气实际上就是现在大家熟悉的氧气。为了证明此观点，我千方百计地制造纯净的"火空气"，我用加热硝石的方法和加热氧化汞的方法，用牛尿泡收集了约 2 升的"火空气"，后来我又改进了实验，能顺利地收集大量的"火空气"。我还做过"浊空气"和"火空气"的生物实验——把老鼠和苍蝇放在密封的浊气中，过了一段时间老鼠和苍蝇都死掉了。

与此同时，我把蜜蜂放在密闭的"火空气"容器中，过了一个星期，蜜蜂还生活得很好。这些实验足以证明，"火空气"可以帮助燃烧，维持生命，相反，"浊空气"不能帮助燃烧，不能维持生命。

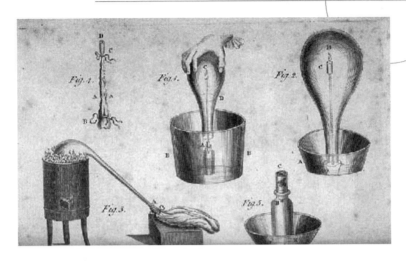

舍勒实验装置图

我终生笃信燃素说，认为燃素就和"以太"相似，浊气是因为吸足了燃素所致，火空气则是纯净得没有吸过燃素的。

除了发现了氧、氮等以外，我还发现了砷酸、铝酸、钨酸、亚硝酸，我研究过从骨骼中提取磷的办法，还合成过氰化物，发现了砷酸铜的染色作用等，其中包括不少有机化学的研究与发现。1768年，我证明植物中含有酒石酸，但这个成果因为瑞典科学院的忽视，一直到1770年才发表。我还从柠檬中制取出柠檬酸的结晶，从肾结石中制取出尿酸，从苹果中发现了苹果酸，从酸牛奶中发现了乳酸，还提纯过没食子酸。我一共研究过21种水果和浆果的化学成分，探索过蛋白质、蛋黄、各种动物血的化学成分。

萤石矿　　　　　　　　　　软锰矿

我还曾研究过许多矿物,如石墨矿、二硫化铜矿等,提出了有效地鉴别矿物的方法。我在研究萤石矿时,发现了氢氟酸。同时探索了氟化硅的性质。我还测定过软锰矿(二氧化锰)的性质。证明软锰矿是一种强氧化剂。我用盐酸与软锰矿首次实现了下述反应:

$$MnO_2 + HCl \longrightarrow MnCl_2 + H_2O + Cl_2$$

我发现这种呛人的黄色气体(Cl_2)能使染料褪色,有许多奇特的性质。这种物质气味奇特,但并不讨厌,味道微甜,使嘴发热,刺激舌头。

我 1775 年当选为瑞典科学院成员。

前面舍勒的自我介绍中已经提到,舍勒出生于1742年12月9日,1786年5月21日逝世,享年只有44岁,虽然他的生命很短暂,但他所取得的研究成果却是惊人的,他一生发现的新物质有30多种,这在当时是绝无仅有的。而且舍勒的道德品质也一直被世人所称颂。

关于舍勒的平凡与伟大,还有一段很有名的故事。那是1775年,有一次,瑞典国王到南欧去游行,在旅途中偶然听人说起他们国家里出了一位闻名全欧的化学家,名字叫卡尔·威廉·舍勒。尽管国王从未涉足过科学研究,对这位化学家的成就与事迹一点也不知道,但他仍深感荣幸。于是国王决定,授予舍勒一枚勋章。

但是,负责发奖的官员昏庸不堪,他以为这等名气的大人物一定不在凡地,所以竟把勋章颁发给斯德哥尔摩科学院一个与舍勒同名的人。其实真正的卡尔·威廉·舍勒只是瑞典一个小镇上的药剂师。

是的,舍勒本人是一个对追求荣誉和地位很淡漠的人。他在乡镇当了一辈子小小的药剂师。然而,在舍勒生逢的时代,对化学贡献最大的仍属于他。

舍勒的父亲是一位有名的商人,在城里有一家很大的商店。为了教育儿子,他聘请了几位教师分别用德语和瑞典语给他讲课。舍勒是个勤勉的学生,很喜欢学习。但这并不会磨灭他孩子的天性,童年最使他最快乐的莫过于在波罗的海岸边游玩了。

瑞典斯特拉尔松城外,就是波罗的海。浩瀚的大海一望无际,蓝天白云下,几只海鸥在上下飞翔。海浪奔腾着,翻卷着,一阵阵涌向岸边。

小舍勒非常喜爱大海,更喜爱海边的沙滩。

炎热的夏天,午饭后他总是到海岸边游玩,在那里搜集被海浪卷到岸滩的藻类。舍勒把这些藻类植物归成几类:绿色的、褐色的、浅红的……回家后,他把它们切成细碎的小块,分别放在从女管家那里要来的小杯子里,然后注满水或白酒。几天之后,他把浸泡的溶液分别倒在瓶子里,并整齐地摆在架子上。这就是他的"奇妙的药房。"不错,就是这个"奇妙的药房"培养了他对化学和药物学的极大兴趣。这一兴趣也决定了舍勒终身在药房工作。

"药房",一个多么不起眼的名称。世俗的人们可能会想,在一个药店工作能有什么出息? 可就是这小小的"药房"为舍勒提供了众多发现的土壤。

1757 年秋,一个机遇让舍勒和药房从此结下了不解之缘。14岁的舍勒随父亲来到哥德堡鲍西的药房。鲍西是舍勒父亲的一个朋友,他具有一定化学素养和制药知识,算得上是经营药房业的行家。在鲍西的店里,既有设备相当完善的实验室,也有藏书相当丰富的图书室。虽说舍勒到这里是当学徒,可他看到这样的环境却十分高兴,决心利用这儿的有利条件,学到更多的知识。

舍勒在哥德堡的生活和在斯特拉尔松城完全不同。他几乎把自己所有的时间都耗在药房里。他细心地观察鲍西先生及其助手们的操作。有时,他还帮他们制药。起初,鲍西让他在研钵里把某种盐研成粉末,切割草药的根或叶子,洗刷肮脏的器皿,他都任劳任怨地干。但是,他知道,要成为行家,还需要大量地阅读和学习。于是,他就抽空读了勒梅里的《化学教程》、孔克尔的《化学实验》等名人的著作,获得了很多化学方面的理论知识和实际知识。他知道了德国人布朗德怎样发现磷,法国人埃洛怎样发现铋,瑞典人勒兰特和克朗斯塔特怎样发现钴和镍。前人的成就大大启发了舍勒,他深知化学史上每一重大发现,对社会生产和人们的生活都有很大的好处,因而他立下雄心壮志,决心从事化学研究,为人类做出自己的贡献。

舍勒读书十分用功,而且记忆力非常好,常常是读过两遍就记得滚瓜烂熟。他的一位朋友曾赞扬舍勒说:"舍勒的天才完全适用于科学……虽然他有极好的记忆力,但似乎只宜于记忆有关化学的知识。"

那时,舍勒最喜欢读的一本书,就是孔克尔所著的《实验室指南》。他读了一遍又一遍,详细地钻研书中对种种实验的描述。有一天,他对孔克尔著作中的一段论述发生了怀疑:"盐精(盐酸)和'黑苦土'放在一起,怎么不能发生化学反应呢?"反复思索,难以入睡。"必须亲自做个实验看看。"他心里想着,脚已经不由自主地移向了实验室。

实验室里,年轻的舍勒伏在一堆闪亮的玻璃器皿中间。大大小小的玻璃瓶和玻璃瓶里装的液体,被昏黄的烛光一照,产生了一种神奇的色彩。冬日的深夜屋里虽不像野外那样冰冷,但也有三分寒意。而舍勒几乎失去了对冷空气的感觉,深深地沉醉在自己的世界里。他拿出标有"盐精"(盐酸)的瓶子,放在一边备用;又从罐子里倒出一些"黑苦土"粉末,放在研钵中使劲研磨。咕噜,咕噜……的声音,使寂静的夜晚平添了一些嘈杂,惊醒了沉睡中的格伦贝格。好奇的格伦贝格信步走下楼。

舍勒正沉迷于自己的实验室中,楼道中传来的脚步声,他竟然没有听见。

门被推开,格伦贝格闪了进来。

"卡尔,你深更半夜在这儿做什么"

"是你呀,格伦贝格,把我吓了一跳!"

"你不要命啦,白天的时间还少吗?"

"我心里总想着这个,睡不着。你看,孔克尔的书上说:'盐精'和'黑苦土'不能混合。我在这儿找到两罐东西,外面贴的标签都是'黑苦土',可这两罐东西并不一样,一个罐里的物质是灰色的而且有光泽,它不能和'盐精'混合,而另一个罐里的物质则完全是黑色的。现在我要检验孔克尔。"

"检验孔克尔,一个权威?"

"是的。"舍勒看也不看对方张大了的嘴巴,转身又埋头他的实验了。

舍勒口中所说的两种"黑苦土"其实是指石墨和二氧化锰。那时的化学家还无法将两种"黑苦土"区分开,就笼统地把石墨和二氧化锰都称之为"黑苦土"。

这次实验证实了舍勒对孔克尔的怀疑是正确的。他发现一种"黑苦土"(二氧化锰)能与盐精起作用。而另一种"黑苦土"(石墨)不能与盐精起作用。就这样,年轻的药房学徒舍勒竟然把它们彻底区别开来。

紧张的学习和研究,使这位青年人的身体日渐衰弱。可是,他对药房的业务却日益精通了。他的学识常常使他的师傅鲍西感到惊异。

二氧化锰　　　　　　　　　　石墨粉

6 年的学徒生活结束了,经过考试,舍勒取得了药剂师的称号,成了鲍西先生的得意助手。

舍勒跟随鲍西的另一位助手基尔斯特略姆在他的药房又工作了两年。后来,他又受聘到斯德哥尔摩的沙伦贝格药房当药剂师。就是在这里,他走进了斯德哥尔摩科学院所属的化学实验室,科学院的图书馆成了他的学习宝地,皇家图书馆更开阔了青年舍勒在科学上的视野,在这里读到的大量的书籍,为他后来的众多科学发现打下了基础。

在沙伦贝格药房里,卡尔获得了优越的条件得以发挥自己的爱好。他常常在完成药剂师的本职工作后,就着手研究各种天然物质。

舍勒首先以"光线对氯化银的分解作用"作为课题,进行了研究工作。这家药房有一扇向阳的窗子,正好透过阳光,舍勒便利用它作为实验的条件。他把硝酸银溶液倒进盐酸中,本来澄清的溶液便生成了白色的沉淀物氯化银。他将氯化银拿到窗前接受阳光照射,氯化银马上变成黑色。这一重大发现奠定了现代摄影术的基础。

在这一实验顺利地取得了成功以后,舍勒这双充满智慧的眼睛时刻也没有停止他的观察,大脑也在不时地思索着。他注意到在从阳光明媚的意大利运来的酒桶内壁上,出现一层厚厚的红色硬壳,这就是人们所说的"酒石"。舍勒让工人刮下这层奇怪的硬壳,并对此认真地研究起来。通过多次实验,他发现酒石和硫酸放在一起加热时,就可溶解,冷却后可以在器皿里形成一种漂亮的透明晶体。这种晶体有一股酸味,能溶于水,其特性与酸类相似。舍勒把它叫作酒石酸。

这两种实验的成功,使舍勒兴奋异常。他认真总结自己的实验成果,并撰写了两篇论文,兴致勃勃地送往斯德哥尔摩科学院,请予发表。然而,科学院的某权威看了论文后,随手扔在了地上,轻蔑地一笑说:"连实验报告的格式都不懂,还想搞科学研究!"于是便以"格式不合格"为由,拒绝发表舍勒的杰出论文。这对舍勒来说,打击很大,但这丝毫也没有动摇他从事科学研究工作的决心。

有一次,舍勒得到一种叫作萤石的透明晶体。这种晶体与硫酸作用时,放出一股令人窒息的气体,这种气体可以使实验用的玻璃器皿表面失去透明度。这种成分不明的气体能够腐蚀玻璃。舍勒又开始细心而认真地研究起这类物质。

在皇家图书馆，舍勒结识了当时著名的化学家图贝恩·贝格曼，他在乌普萨拉工作。于是，舍勒把他请到自己的实验室，把自己的研究成果给他看，两人展开了激烈的讨论。最后两人肯定了这种气体是氢氟酸。贝格曼教授认为舍勒的工作很有意义，看出他不仅有丰富的理论知识，还有一套实践本领。他感觉到，舍勒做出惊人的发现的一天，不久就会到来。于是，这位乌普萨拉大学教授就把舍勒介绍到乌普萨拉的洛克药房当了药剂师。

果真，舍勒在此以后做出了许多惊人的发现，包括氧、氯、氟、氨、氯化氢、钼酸和砷酸等元素和化合物。

1770年，舍勒发表了他的第一篇关于酒石酸的论文。1775年，他成为瑞典科学院的院士。1776年他发表了关于水晶、矾石和石灰石的成分问题的文章。同年，他从尿里第一次得到尿酸。1777年他做成了硫化氢，同时观察到，银盐被光照射以后变色。在1778年他制成了升汞，分析了空气里含氧的比例。1780年他证明了牛奶的发酸是因为产生了一种乳酸……

舍勒一生的发现，数不胜数，最重要的，是他发现了氧气。

1773 年，乌普萨拉洛克药房的药剂师舍勒做燃烧实验时，从燃烧现象中分解出一种"火气"，这就是现在人们所说的氧气。

舍勒主要是用两种方法制得氧气的：一种是加热硝酸盐、氧化物和碳酸银。这些含氧的化合物加热到一定温度后，便会分解出氧气。第二种是用地产的一种黑锰矿（天然的二氧化锰）加浓硫酸或磷酸，加热制取氧气。

他发现这种"火气"也存在于空气中。从空气中除去了它，剩下的便是一种"废气"（现今称为氮气）。由于当一种物质在这种气体或普通空气中燃烧时，这种气体即氧气便消失了，所以他称这种气体为"火气"。事实上，舍勒此时已制得了氧，并认识到它同空气中的氧是同一物质。然而，1775 年底，舍勒根据自己的实验写成了《论空气与火》一书，送交出版商，因为他的名气不大，被压了两年后才出版，直到 1777 年，这部有价值的著作才和读者见面。虽然他的关于氧的发现的论著发表时，氧已经被普利斯特里发现，所以晚了三年，但是他独立发现和研究的事实，却点燃了拉瓦锡揭开的一场化学革命，从而创立了科学的燃烧理论。

1775 年，舍勒来到科平城，担任了波尔药房的经理。

在这里,舍勒生活安定、美满,短短几年之内,他又作出了许多贡献。他发现了柠檬酸、苹果酸、五倍子酸、草酸、乳酸,还制得了舍勒绿(亚砷酸铜)、重石酸(钨酸)和甘油。后来舍勒绿成为一种工业上非常重要的绿色颜料。

舍勒研究化学,是为人类造福,而不是为名为利。他把科学发现当作人生最大快乐,他说:"乐,莫过于从科学发现中产生出来。发现之乐,使我心中愉快。"

有机化学奠基阶段

我扑在书籍上，像饥饿的人扑在面包上一样。

——高尔基

名句箴言

时代背景

早在古代，因为生产和生活的需要，人类的祖先就已经学会利用一些有机物来维持生存。除了吃的植物和动物等属于自然的有机物外，人类自己生产的经过化学加工的有机物也不少。我国古代在制糖、酿造、染色、医药、造纸等方面都作出了许多成就。外国的古印度、巴比伦、埃及、希腊和罗马，在染色、酿造、制造有机药剂等方面也作出了不少的贡献。但是人们对有关这些有机物质的化学知识却知道得很少，比较起来远远落后于无机化学。为什么会出现这样的现象呢？从科学研究的角度来说，有机物质很复杂，研究它们要困难些；从思想意识来说，由于人们对有机物的来源有一些神秘观念，以至长期未能形成一门科学。

英国在 19 世纪初，首先发动了产业革命，推翻了封建主义的统治，确立了资本主义制度。19 世纪中叶，法、德、美等国也相继完成了产业革命，推动了大工业的发展。由于冶金、钢铁、纺织业的迅速发展，需要各种化工原料。例如，随着纺织工业的发展，染料的需求量也大大增加。天然染料无论从数量和品种上都满足不了生产的需要，迫使人们不得不去寻找制造染料的方法。又如炼焦工业的发展，煤焦油越来越多，最初作为废料处理，由于污染环境，影响生产，因此对这些废料的有效利用问题就被提出来了。近代有机化学正是在这样的社会需要的推动下产生和逐渐发展起来的。

随着社会和生产的发展，人们在利用、制造和生产有机物的过程中，逐步积累了一些经验。开始人们只是对天然产物进行加工，然后逐渐制出了一些比较纯的有机化合物。早期研究有机化合物，是从动植物有机体中提取和分离有机物。人们掌握了酿酒方法之后，逐渐掌握了蒸馏酒的技术。明代李时珍在《本草纲目》中详细记载了烧酒的制造工艺，并指出:"凡酸坏之酒,皆可蒸烧""以烧酒复烧二次""价值数倍也"。酸坏之酒含有少量醋酸,进行蒸馏时,酒先蒸出,醋酸因沸点高而被留下,这就使酒精和醋酸得以分离。至于将烧酒复蒸两次,就应该得到含量约为 95% 的酒精了。李时珍在《本草纲目》中还记述了用五倍子制取没食子酸的方法。此外,在我国早期提制出的比较纯的有机化合物,还有纤维素、乌头碱、蔗糖、麦芽糖、樟脑等。与此同时,世界其他一些国家也制出了一些比较纯的有机化合物,如土酒石、醋酸铅、琥珀酸、安息香酸等。

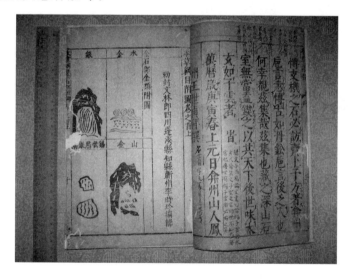

明朝版本《本草纲目》

到了 18 世纪后半期,我们开头提到的伟大的化学家舍勒在有机化合物的分离和提纯方面的工作是很突出的。他当了药剂师后,一直搞药物的提纯和配制,积累了丰富的经验。他从酿酒的副产物酒石中析离出酒石酸;从柠檬中析离出柠檬酸;从苹果中析离出苹果酸;从酸牛奶中析离出乳酸;从尿中析离出尿酸;从五倍子中析离出没食子酸。他不仅析离出草酸,而且还用硝酸氧化蔗糖制得了草酸。他析离有机酸的方法,主要是利用这些酸的钙盐和铅盐难溶于水的特性,把它们沉淀出来,再用无机酸酸化,便得到比较纯的有机酸了。其他还有许多化学家也析离出不少的有机化合物。

五倍子

五倍子树枝

当今的化学是以氧为中心而运行的。

——贝采里乌斯

名句箴言

有机化学的提出

不幸的孤儿

　　贝采里乌斯诞生于 1779 年 8 月 20 日。那时,在瑞典首都斯德哥尔摩西南大约百英里的地方,有一座位于波罗的海和维特恩湖之间叫作林彻平的湖滨小城。在这个城里有一个世世代代做牧师的虔诚的家庭。贝采里乌斯就是作为一个长子而在这个家庭成长起来的。他出生时，他的父亲还未做牧师，而是一位学校的校长。

1779 年，在瑞典正是舍勒开始发现氧以及其他许多新的重要物质，从而不断地开拓着化学新天地的时期。在法国，正是拉瓦锡以氧为中心创建新的化学体系的时期。贝采里乌斯，这个同新化学时期几乎同时诞生的孩子，就把他的一生也都贡献给了化学，促进了化学的全面而健康的发展，他也成了这个时代的骄傲和象征。

虽然贝采里乌斯备受科学之神的眷顾，但他在人生的命运上却是很不幸的。在他 4 岁时，父亲就患肺病去世了，仅给他和妹妹及母亲留下了很少一点家产。母子三人在渡过了一年多的贫困生活之后，母亲带着他们改嫁给一位叫艾克马克的牧师，他是负责管理邻街诺克库教区的一位德国人。但是幸福的日子却是如此的短暂，也只过了两年，他的母亲又患急

贝采里乌斯

症故去了。就这样,年仅8岁的贝采里乌斯就失去了生身的双亲,成了一个可怜的孤儿。

幸运的是,在继父艾克马克那里,他也还是得到了许多幸福。艾克马克是一位心地善良和品德高尚的僧侣,同他交往过的人都很尊敬他。他还是一位教子有方的慈父。他对先妻留下的二男三女和后妻带来的一男一女都同样喜爱,并以独特的、有趣的方法给他们讲授普通教育的课程。孩子们在一起有如亲生兄弟一样,和睦相处,愉快学习。艾克马克着重教授孩子们自然科学知识,其中也包括植物学。在天气好的日子,他就带着他们到野外散步,观赏花草和风光。天气不好时,他就在午饭后教他们学习博物学的书籍,巧妙地设法启迪他们的好奇心。贝采里乌斯那时就很聪明机敏,很有天分,提出的深奥问题往往会使父亲为之一惊。他对贝采里乌斯的未来抱有很大期望,经常鼓励他说:"贝采里乌斯,你有足够的天赋去追随林奈先生和卡尔道希先生的足迹,你要不断努力,做一个像他们那样杰出的学者"。

艾克马克给了贝采里乌斯一个继儿所难以想到的幸福岁月,但是他转眼之间又再次陷入了不幸的逆境。在他11岁时,艾克马克又第三次结婚,于是,贝采里乌斯和妹妹只好被寄养到舅父家。舅父是一位温和敦厚的人,很爱这两个孩子。但是舅母嗜酒,又由于家里已经有了7个孩子,她和她的孩子们就都把贝采里乌斯兄妹视为累赘而加以虐待。过去在艾克马克家得到的有如亲生孩子般的爱护,以及有如亲兄弟般的亲密无间的欢乐,对于可怜的贝采里乌斯兄妹来说,只能作为往事来回忆了。

贝采里乌斯在晚年时还常常感叹说:"一回想起儿童时代,首先记忆起来的并不是高兴的事,而是在舅父家的那段痛苦的经历。所以也就尽量不愿再去回忆了。"

14岁时,贝采里乌斯进入林彻平中学学习,但是他的表兄弟们却从未减少对他的歧视。于是他在15岁时便下决心要靠自己来解决学费问题。他休了学,到附近农村的一个富裕之家去做家庭教师。

工作一年以后,贝采里乌斯又回到了学校。这次的外出工作除了解决了自己的学费问题之外,还带回了两个意外的收获:一个是生来就一直很弱的身体,由于在农村常去野外砍柴和割草而受到了农田劳动的锻炼,身体明显结实了。如果不是这样,贝采里乌斯也许就不可能有健康的保证去完成未来的那些艰巨的事业。另一个意外的收获是在他独立的环境中进行了反复思考自己的人生,而确定了自己的志向。过去,他一直把继承祖业、当一名牧师作为自己的前途,但是从他的才能来看则更加适合于研究自然科学。而自然科学对于做一个牧师来说又是无用的。经过再三考虑,他觉得能够有些用处的还是医学。于是他就改变志向决心学医。新的决心带来了生气勃勃的奋斗精神。既然人生的目标已定,今后就只有全力向这个方向努力了。这样,贝采里乌斯就满怀信心地返回了学校。

在学校,贝采里乌斯是一个勤奋好学的学生。中学毕业后他如愿以偿地进入了乌普萨拉大学的医学院,开始学习医学。但是他在求学时代所走过的道路是极其不平坦的。为了解决大学的学费,他当过一年的家庭教师,还当过医生的助手,为此他不得不几次停学。他的路经常是阴霾蔽日和荆棘丛生的。但是,贝采里乌斯却是一个相信乌云过后总会有太阳的乐天派,相信总有一天会云消雾散,太阳重现,而自己的目的则一定能够达到。他就是这样地克服了一个又一个困难坚定地前进着。1802 年 5 月,在他 23 岁那一年的春天,他已经成了一个自立的医学者。

贝采里乌斯不仅靠自己的力量来维持生活,也靠自学去获取知识。他在学校学习医学,又靠自学学习化学。在 19 岁时,他有一次偶然地翻阅了德文的化学书刊,从此就同化学结下了不解之缘。他利用上课的余暇做化学实验,在实验中他感受着无比的乐趣,于是,他便以惊人的热情开始如饥似渴般地汲取化学知识。这时意大利的伏特又正好发明了电池。贝采里乌斯就又自学了许多电学知识。他有时观察电流的化学作用,有时研究电流的生理作用,还在对患者运用电气疗法中发现了意外的效果。

1802 年的春天,他终于完成了大学的学习。昨天还是倍感艰辛的他,而今天则充满了无限的喜悦。

怀才不遇的学者

贝采里乌斯,在经过千辛万苦渡过学生时代之后,走向社会时是否就一帆风顺了呢? 答案是否定的,迷雾般的重重障碍仍在阻碍着他的前程。他在大学毕业后就得了"恶性高烧病",接着是论文被拒绝发表,然后又是事业上的挫折。

1802 年 5 月,贝采里乌斯从大学毕业,月末即去一个偏僻农村谋求职业,然而就在这时他却病倒了。最初他很担心这种恶性热病,幸而在 50 天后就痊愈,但是所谋求的职业却告吹了。

贝采里乌斯在研究早期就撰写了关于氧化氮的研究和电流的化学作用,及各地矿泉水的分析等方面的重要论文。然而瑞典科学院却拒绝发表其中多数的论文。拒绝发表的原因是,他的论文观点很早就站到了拉瓦锡新化学(即反燃素化学)的一边,这与科学院的权威们的观点相反。

于是,为了改变所处的逆境,争取到能够自由埋头于化学研究的充裕时间,他着手进行了很多工作。他曾同朋友一起共同筹办的事业有:组织通俗科学演讲会;试制人造矿泉水;开办酿醋厂;兴办硫酸厂等,但都失败了,留下的只是越来越重的负担和痛苦。此外,他还开业行过医,却招不来患者,有志于到学校去当教师,却谋不到职位。实在是不顺心的岁月。

但是,我们伟大的贝采里乌斯终究是个乐观的人,即使是处于如此逆境之中。他也从未对生活放弃过,他说:"头上有屋顶,口中有粗食,这就已经是难得的幸福了"。他仍然坚持在研究室全力以赴地埋头于化学的研究。

功夫不负有心人,贝采里乌斯在经过了艰辛的考验之后,终于以辉煌的成果赢来了胜利。逆境的阴霾已经烟消云散,美好的前景展现在他的眼前。

顺境中的研究者

贝采里乌斯后来终于找到一份在学校任职的差事。随着他在学校的地位不断得到提升,已经没有必要再兼任其他职务了。同时他也有了更充裕的研究时间和精力,研究成果日益丰硕,研究范围也扩展到了化学的各方面。因此,不知在什么时候,贝采里乌斯的名声已经传遍欧洲了。

作为一名教师,贝采里乌斯曾先后在卡尔贝尔斯军事学校、斯德哥尔摩外科医学校、农艺学院、医科大学等学校任职,从担任助教开始,到副教授,教授和校长等职务,直到53岁时退休,但还享受着名誉教授的待遇。

1808年,29岁的贝采里乌斯已成为科学院的院士,还几次担任皇太子的化学辅导工作,并光荣地在国王面前做过演讲。1818 年被列为贵族。1835 年被赐予男爵爵位。

成名后贝采里乌斯到欧洲各国旅行的机会很多,也因此结识了不少国外的著名化学家,受到了他们的欢迎和尊敬。其中很有意义的一次旅行是从 1818 年到翌年的法国之行。这本来是一次休养的旅游,以便解除长年工作的积劳,然而在巴黎却受到了著名大化学家贝托雷的隆重接待,并经他的介绍同盖·吕萨克、泰纳尔、杜隆和安培等人进行了会面。这些人中的不论哪一位都是当时建设新化学的杰出者。贝采里乌斯这位远方的来客,为他们带来了以独特高超技能所取得的分析化学实验的重要成果。而作为迎接他的主人,则不愧是人才荟萃中心的学者,把他们领先的新学说、新理论和新仪器,回赠给这位北方的贵宾。相互之间都得到了很大启发。这在化学史上也是一次难得的非常有意义的交流。此外,这一期间他还会见了拉普拉斯、居维叶、阿拉格和比奥,以及正在法国停留的德国化学家洪堡等学者。在回国途经德国时,还访问了德国的一些化学家。其中在柏林结识了米希尔里希,从此两人结下了深厚的友情。

1821 年,他又到波希米亚的卡尔斯巴德去疗养。这又是一次很难忘怀的旅行。他遇见了来疗养的奥地利宰相梅特涅,还第一次见到了歌德。特别是能见到歌德,使贝采里乌斯感到莫大的荣幸,更没有料到能同他在一起度过一天多的时间。刚见面时,这位 72 岁的老文豪少言寡语,什么也不想说,似有些不投缘,但最终贝采里乌斯所具有的丰富的自然科学知识特别是矿物学方面的知识,赢得了歌德的好感。他们一起去攀登附近休眠的火山,讨论火山的成因,贝采里乌斯还分析鉴定了歌德搜集的矿物标本,并赠送给歌德一只进行化学分析用的吹管,还讲授了吹管分析法等,彼此相处得很愉快。

在这次旅行的归途中,他还特意去探望了那位曾经像亲生父亲般疼爱过他的人——早已回到德国安居的继父艾克马克。81 岁的老父已患了随时都可能发生危险的重病,已经卧床不起了。老父伸开双臂拥抱爱子,父子泣诉离别之情,直到恋恋不舍地告别。当贝采里乌斯刚踏上回国之途的第二天,艾克马克就离开了人间。

此外,贝采里乌斯还到过伦敦,会见了英国的首席化学家戴维,天文学家赫歇

戴维

尔(Sir William Herschel),著名的天文学家托马斯·扬(Sir Thomas Young),武拉斯顿(William Wollaston)和瓦特(Sir James Watt)等人。

他还多次到过丹麦和德国。德国还曾想聘请他担任柏林大学的教授,但是由于贝采里乌斯不愿意离开可爱的祖国而谢绝了。

贝采里乌斯不知是从什么时候开始,已经成为一位受到全欧洲所有化学家敬仰的老前辈了。

孤独的老先生

1834 年的盛夏,在斯德哥尔摩突然流行起霍乱。贝采里乌斯当时被推选为防疫委员会的会长,每天从拂晓就开始工作,工作很劳累,严重影响了他的健康。再加上经常接触人生的悲剧,精神也很不舒畅。从此他的面容就显得苍老了许多。特别是他还患有神经痛和消化器官等疾病而不得不逐渐减弱了对科学研究的兴致,以致很少再能取得令人满意的研究成果。过去在科学研究上毫不知疲倦的他,现在则逐渐有些厌烦了。

这时他想到,如果能建立起家庭也许会好些。他似乎也感到需要家庭了。实际上,过去很多亲友都提醒过他,说人到晚年时仍只孤独一人将会太寂寞,度过这种无人安慰的生活将是难熬的。但是,当时贝采里乌斯由于已经完全沉湎于学术研究之中而丝毫听不进去。现在看来他们的忠告是正确的了。然而贝采里乌斯还未能下定决心。他征求了一位亲密老友的意见。朋友说:"当然不结婚也可以度过一生,但是没有妻子毕竟不能充分体验到人生的美满,不能全面享受到人生的幸福。现在还为时不晚,祝你能早日开始这种幸福的生活!"

于是贝采里乌斯下了决心,向他很熟悉的波比乌斯家的长女求了婚。结果他们顺利地建立了婚约,并于 1835 年 12 月举行了婚礼。新郎已是 56 岁。正在这个时候,瑞典的国王也授予他男爵称号的荣誉。

作为一个幸福之家的主人,他度过了 13 年的幸福生活。贝采里乌斯在 1848 年 8 月 7 日逝世。

化学家的核心

贝采里乌斯所渡过的 69 年的岁月是充满奋斗精神的一生。作为一个化学家能够像他这样既广泛而又深刻地完成多方面重要工作的人是前所未有的。人们翻阅任何一部普通化学史的书籍,在人名索引中能够看到的最常出现的一个名字就是贝采里乌斯。这个名字,在化学家的名单中虽然不是最突出和最惹人注目的名字,不是用最华丽辞藻赞美的名字,然而却是永远受到尊敬的不朽的名字,也是永远不可磨灭的光辉的名字。

他以超群的熟练实验技巧,巧思而机敏的头脑,细致而精密的操作,分析了许多化合物,确定了它们的组成,在验证和发展原子学说方面做出了重大贡献。这已无需多说了。

贝采里乌斯在研究物质的化学组成的基础上,他又研究了物质的化学结构理论,提出了著名的贝采里乌斯二元论。他认为,各种物质都是由带阳电荷的金属氧化物和带阴电荷的非金属氧化物结合而成的(拉瓦锡也提出过一种二元学说,但是和贝采里乌斯着眼于电荷这一点并不相同)。这种学说,在讨论无机盐类时看来很为适用,但是若扩大到有机化合物领域时就很困难,会出现许多破绽,陷于无能为力的境地。

然而,这个学说却是使化学和电学建立联系的开端。这是他同英国的戴维共同完成的光荣贡献。随着时间的推移,这一联系越来越紧密,以致不论在学术界还是在工业界都产生了数不尽的惊人成果。所以,这是一个在化学和电学之间起到了桥梁作用的学说。

在化学领域引进电学的贝采里乌斯,也促进了化学和矿物学的结合。他根据化学分析来认识矿物的组成,为矿物学提供了以化学为基础的正确分类方法,为其未来的发展提供了重要的指针和方向。

作为一种报偿，这些研究也促进贝采里乌斯能够发现了一些新的元素。例如他从瑞典产的一种矿石中发现了钍（1828 年），还把当时认为是氧化物的硅、锆和钛等，第一次成功地分离为单质。他还是铈和硒的发现者。铈是当他在 1803 年的穷困时代和好友海辛格共同发现的，成了他当时唯一值得安慰和令人激动的褒奖。硒是他在 1817 年举办硫酸厂失败时，从硫磺矿石的焚矿炉的炉灰中发现的重要纪念物。

有机化学领域在当时还是一个尚无人开垦的辽阔的荒野，而贝采里乌斯却在这方面已经留下了宝贵的研究成果。

由于他对许多有机化合物进行了难度很大的分析工作，证明倍比定律也支配着这一领域。他还研究了葡萄酸，并从中导出了同分异构的学说，为研究复杂有机化合物组成提供了一条线索，等等，这些都是他的重要贡献。

后世学习过化学的学生都应该不会忘记贝采里乌斯，因为他是化学符号和化学方程式书写法的创始人。现今通用的化学符号（即各元素的拉丁名称，有时用希腊名称的字头，或者在字头后面再加一个明显的字）、化合物的符号和化学方程式的表示式都是由贝采里乌斯提出的。这些符号同古代的炼金家和近代的道尔顿的符号相比，不只是非常简明，而且还能表示出数量的含意（例如 H_2 代表是 1 个氢分子，还代表分子的重量是 2.016）。这样，人们就可以运用代数的方法,以一种方程式的形式来表示各种化学变化,并以化学方程式为基础来进行化学量的计算了。

还应该记得的是,贝采里乌斯还长期从事大量的写作活动。他著述的数卷化学教科书,成为化学教材的经典著作。此外,他每年还组织出版《物理和化学年报》。这份最有权威性的评论刊物只有像贝采里乌斯这样的科学巨人才可以主编。

最后,还有值得后人纪念的重大贡献,也是过去许多伟大化学家都未能做到的一点,那就是贝采里乌斯亲自指导和培养了一些有为的化学家,比较著名的人物首先可以提到的是米希尔里希,即同形异质定律的发现者。贝采里乌斯虽然谢绝了柏林大学的招聘,但在德国游历期间(作为报答)把很有培养前途的米希尔里希带回斯德哥尔摩的研究室,并在培养一两年之后,使他回到柏林担任了教授。此外,从德国来学习过的还有罗斯兄弟(Heinrich 和 GustavRose)、马格努斯(G. Magnus)、格梅林(C. G. Gmelin)和维勒(F. Wohler)等人。法国的杜隆也是到贝采里乌斯门下学习过的一个人。其中不论是哪一个人,都是当代很有名的人物,都是战斗在化学战场上的一员猛将。

贝采里乌斯,这位北欧的老化学家,他的名字像一颗北方之星那样受到了人们的敬仰。这颗星,宛如是在遥远北方天际夜空中闪烁光辉的北极星。尽管它没有天狼星那样亮,没有室女星那样美,也没有织女星那样高,然而却是一颗带领大星小星运动的核心。正是这样,人们也就可以把这位北欧的老化学家称为当时的"化学家的核心"。他曾经说过:"当今的化学是以氧为中心而运行的"。因此,我们也可以说,当时的整个化学家都是以贝采里乌斯为中心进行研究的。

要全面总结贝采里乌斯的功绩,我们必须纵观当时的整个化学领域。在化学这门学科形成的早期,几乎没有一个学说是贝采里乌斯未曾涉足过的。例如,作为形成化合物的众多单质体,没有一个不是由他最后确认的;他自己也发现了硅、硒、铈、钍等多种元素。他精湛的分析技术在当时是无与伦比的,他改进和创立了很多无机和有机化合物的分析法,发明了水浴、洗瓶、吹管、滤纸、干燥器和多种分析仪器。他制作的天平精密度已达到 0.5 毫克。关于贝采里乌斯的实验精确性当时有口皆碑。如一位莱比锡大学的教授曾写信给德国化学家李比希,批评贝氏对醋酸铅组成的测定有错误。李比希回信说:"如果有谁听说那位伟大的瑞典人在如此简单的研究中出现错误而不与我同样感到惊讶,恐怕是没有的!要想正确评价贝采里乌斯的权威性并敢大胆向他挑战,那么首先应具备相当的水平和资格。"

如前所述,在无机化学领域,他提出的电化二元论备受推崇;在有机化学领域他也作出了极为重要的贡献。他还发现了同分异构现象,并首先把催化现象命名为"催化作用"。同时他还是一位优秀的教育家,培养了维勒、E. 米希尔里希等一大批杰出的化学家。但他的最大功绩则是为确立原子学说,进行了长期艰苦卓绝而成绩斐然的原子量测定工作,以及为解释无机物的形成而创立了电化二元论。仅此两项功绩,足使他在1810—1830年的20多年间高居世界化学权威的地位。

原子量是道尔顿原子学说的核心,也是一些化学基本定律的理论基础。因此原子量的测定工作不仅关系到原子论的成败,也涉及到一系列化学基本定律的确证。所以在19世纪上半叶,化学家们把测定各种元素的原子量作为化学发展中的一项基本建设,这是很有道理的。道尔顿虽然提出了测定原子量的任务,但他对复杂原子组成的假定缺乏科学依据,结果造成了他测定的原子量错误百出;阿伏伽德罗的分子假说又被冷落,使测定原子量的正确途径一时被堵塞。

但化学家们并没有就此却步,他们仍然努力地在黑暗中积极探索。贝采里乌斯成为这一工作的佼佼者,他在1810—1830年大约20年间,曾孜孜不倦地从事原子量的测定。在没有煤气和自来水的简陋实验室中,他和他的学生对两千多种化合物和矿石进行了分离、提纯和准确地分析。这一工作的艰巨和枯燥繁琐都是一般人难以承受的,但却为原子量的测定和论证其他化学理论,提供了极为丰富和准确的实验依据。贝采里乌斯虽然坚信原子学说,但却不满意又不盲从道尔顿关于化合物组成的假设,并通过自己的精确实验证明道尔顿提出的分析数据是很不准确的。他特别注意借鉴他人的科研成果作为自己判断化合物原子组成和测定原子量的依据。他认为盖·吕萨克气体简比定律是正确的,反映了客观实际,阐明了气体化合反应的某种内在联系;认为化合物 $A_m B_n$ 中 m 和 n 之比应等于 A 和 B 两种气体单质反应时的体积最简比。这使他的原子量测定有了一定的客观依据,显然比道尔顿前进了一步。所以贝采里乌斯根据两体积氢气和一体积氧气化合生成两体积水蒸气的事实,确定了水是由两个氢原子和一个氧原子组成的(而道尔顿认为水的化学式为 HO)。若以氢的原子量等于 1 作为基准,则很容易计算出氧的原子量为 16(而道尔顿求算出的氧的原子量约为 6)。正确确定氧的原子量,是原子量测定工作中的一项重大突破,因为当时绝大部分元素的原子量都是直接或间接地根据其氧化物的分析结果而确定的。而道尔顿由于把氧的原子量确定错了,势必造成一连串的错误。

鉴于氧的化合物在自然界中普遍存在,贝采里乌斯决定以氧的原子量等于 100 作为原子量基准,这一改革为原子量测定提供了方便条件。1818 年,贝采里乌斯的学生米希尔里希(E. E. Mitscherlich,1794—1863 年)年通过对一系列化合物的晶体研究发现了同晶现象,提出了同晶定律:即若两种晶体的晶形相同,则两种化合物中的原子组成和格局也大致相同。贝采里乌斯立即意识到这一定律的重要意义,很快将其作为确定原子量的重要依据,用于测定和修正某些元素的原子量。如他们根据铬酸盐与硫酸盐同晶的事实,"硫酸"既已确定为 SO_3(即现在所说的硫酸的酸酐),则"铬酸"也应为 CrO_3。已知氧化铬的化学式为 Cr_2O_3;又因为氧化铬与氧化铁、氧化铝同晶,于是就把原来规定的 FeO_3、AlO_3 都修正为 Fe_2O_3 和 Al_2O_3。这样原来确定的铁和铝的原子量也应减半。1819 年,法国化学家杜隆(P. L. Dulong,1785—1838 年)和培蒂(A. T. Petit,1791—1820 年)发现单质固体的比热与其原子量的乘积约为常数,据此提出了原子热容定律。不久,贝采里乌斯又利用这一定律修正了不少元素的原子量,特别是对那些原子量与实际值相差几倍的元素。同时,贝采里乌斯还根据自己多年经验得到的大量感性知识,机智巧妙地采用类推等各种方法确定化合物的组成,真是为原子量的测定和原子学说的确立费尽心机、不辞劳苦。从 1814—1826 年间,贝采里乌斯陆续发表了三张原子量表,测定元素的数目由 41 种增加到 50 多种,分析数据一次比一次丰富和精确。其中大多数元素原子量若以 $^{12}C=12$ 为标准,都已非常接近现代值。这在当时的条件下是何等不容易!贝采里乌斯的艰苦卓绝的工作和成就受到了人们的赞赏和推崇是理所当然的。

有机化学萌芽阶段

读书是易事，思索是难事，但两者缺一，便全无用处。

——富兰克林

名句箴言

同分异构体的发现者

　　1786 年 8 月 31 日，法国伟大的化学家米歇尔·欧仁·舍夫勒尔（Michel Eugene Chevreul）在曼思－卢瓦尔省昂热诞生了。他的母亲是个身高体壮的妇女，身体十分健康，所以舍夫勒尔生下来身体就很好。他智力发育早，勤学好问，因此大人们都很喜欢他。舍夫勒尔小时候在安热尔中心小学读书，上课时，他用心听教师讲课，是个成绩优秀的孩子；课余时就成了小朋友的"首领"，他带着朋友们发狂般地游戏、玩耍。17岁时，舍夫勒尔带着强烈的求知欲进入法兰西学院，从学于著名的化学家沃克兰（N. L. Vauquelin，1763—1829年），1806年毕业后即主持法兰西学院的实

舍夫勒尔

验室工作，又于1809年在富克鲁瓦（A. F. de Fourcroy，1755—1809年）创办的私人学院任助理教授。1813年当选为法国科学院院士，同年任历史悠久的查理大帝学校物理学教授。13年后成为英国皇家学会会员，1813—1830年任自然历史博物馆化学教授，1864年任馆长。当舍夫勒尔百岁寿辰之日又被推选为农业学会主席，并获美国哈佛大学博士学位。后终因经受不住独生儿子突然去世的沉重打击，在1889年4月9日与世长辞。

染料与标准色轮

舍夫勒尔毕业后的第一个研究项目是靛蓝,他将天然靛蓝用水、酒精、盐酸等依次进行提纯而得到红色靛蓝和蓝色靛蓝,同时找出这两种靛蓝转变成无色物质(他称为靛白)的条件。后来知道这两种靛蓝互为同分异构体,因此,舍夫勒尔是第一位发现同分异构体的人。比贝采里乌斯(J. J. berzelius,1779—1848 年)要早 24 年。生活中需要颜色鲜艳、图案漂亮的布匹和纺织品,促使学者对于天然染料的研究发生浓厚的兴趣。舍夫勒尔发现从巴西木、美洲苏木中提取的染色物质和靛蓝不同,而是另一类染料。其一,用这类染料染色前必须将纺织品用媒染剂明矾水浸泡;其二,所染的颜色需经空气氧化后才显现出来。他把这类新的染料分别称作巴西红和苏木蓝(苏木精),又从栎树、摩岑、黄花木榉中提取一种纯净的黄色物质,此物质借助明矾可产生鲜明的黄色,若配以适量的靛蓝则出现美丽的绿色。

19 世纪 20 年代末,舍夫勒尔已认识到掌握染色过程对生产出美观耐用的有色织品起着重要作用,将研究成果著成《染料应用化学讲义》一书,于1830 年出版。为了把此项成果及时应用到实际生产中去,亲自给纺织工业的专家们授课。

对染料与染色过程的研究使舍夫勒尔想到各种颜色的相互影响问题:各种颜料应当怎样混合? 怎样搭配方能和谐美观? 以及如何进行反衬相对? 他的这方面研究成就不但对于提高纺织产品的艺术价值和美术价值,而且对于人们心理上、审美上的作用也是不容忽视的。例如它提高了纺织品、纸张的彩色印花质量,也使地图业、镶嵌工艺的生产,甚至观赏园艺发生了改进与提高。进而使社会对产品的美术欣赏水平提高,这又反过来要求颜料应具备准确、固定的颜色和色调。而做到这一点,除了必须对颜料生产实行严格的检查和控制,还应建立一套适用的标准颜色。舍夫勒尔经过多年的艰苦探索,终于创立了一套标准色轮,这套色轮仍然是目前制定检验颜色方法的基础。舍夫勒尔选用红、黄、蓝三种颜色作为基色,并以等距离排布在同一圆周上,在每两种基色之间又都排布 23 级深浅不同的色调,共 69 种色调。此外,他还建立了 8 个色轮,作为对标准色轮的补充。米歇尔为了引起国家和社会的重视,强烈呼吁:"建立标准色轮,这绝非无聊的怪念头。它是适应实践的要求产生的……应当把色轮作为一项国家标准加以实施……也应当建立一套标准颜色的衡器……作为校准操作标准之用。"

舍夫勒尔的这一系列成就不仅对物理学中的"色度学"起了重大的推动作用,而且对色彩心理学,甚至对印象派绘画都产生强烈的影响。

开创油脂化学

虽然人类从古代就开始食用、制备油脂了,但对其组成和性质则知之甚少。由于高卢人和日耳曼人用油脂(兽脂)和含碳酸钾的灰汁制肥皂,致使科学家一直认为油脂是酸。并且得出:油脂＋碱＝肥皂。

早在 1741 年,茹夫鲁阿(C. J. Jouvlois,1685—1752 年)曾指出,如用肥皂和酸作用,似应发生:酸＋肥皂＝盐＋油脂的反应,但所得到的并不是油脂而是另一类物质,因为此物质可溶于酒精而油脂则不溶。1783年,舍勒为自用制造软膏,将脂肪和密陀僧(氧化铅)一起加热,制得的软膏具有甜味。后又重做一遍并更长时间加热,冷却后发现容器底部有一层浅黄色液体,虽然具有甜味但一点也不像糖,他称之为甜油,即甘油。

舍勒

　　1809 年舍夫勒尔开始研究油脂。他首先用盐酸处理猪油制成的钾肥皂，得到了一种类似珍珠母的酸性结晶体，称为珠脂酸（即十六烷酸，$C_{17}H_{34}O_2$），

甘油

从母液中提取出油酸。1817 年他和布拉孔诺（H. Braconnot，1781—1855 年）合作把硬脂酸（硬脂酸甘油酯）和软脂酸（软脂酸甘油酯）区别开，并且制备了硬脂酸。1818—1823 的 5 年间，他从牛乳脂中取得丁酸、山羊脂中得己酸和癸酸、海豚脂中提取异戊酸。

　　通过大量的研究工作，舍夫勒尔证明了油脂的皂化过程产生肥皂和甘油，而肥皂用矿物酸处理则得一种不溶于水的酸性物质——脂肪酸（因由脂肪中制得而得名），即肥皂是脂肪酸盐（钾盐或钠盐），由此证明脂肪是由脂肪酸和甘油组成的。

　　那么脂肪是脂肪酸和甘油的混合物还是化合物呢？经过对皂化反应的定量研究发现脂肪酸和甘油这两种皂化产物的总重量比原来油脂的重量大，说明油脂分子在皂化过程

中发生水解所致,这正是酯类水解的特性。因此,舍夫勒尔指出:油脂是一种化合物——脂肪酸甘油酯。若能用脂肪酸和甘油合成出脂肪则更有说服力。差不多花了两年时间,他制得了三戊酸甘油酯和三丁酸甘油酯。化学家们迅速接受了这种观点。

舍夫勒尔开创了油脂化学,他关于脂肪的组成和性质的研究具有以下几点重要意义:

1.强调指出无机化合物和有机化合物的反应都服从相同的化学定律。如在皂化过程中,有机物甘油被无机的钾或钠所置换,即"皂化不过是置换脱水甘油的可以成盐的碱使脂肪盐发生分解的过程。"

2.当时大多数化学家都信仰"生命力"学说,认为有机物只能从有机生命的机体中产生,在实验室里制取有机物是根本不可能的。而舍夫勒尔则独树一帜,不随波逐流,声明:"这种把有机物单独分化出来的做法,是和化学的精神背道而驰的。如果说我们今天知道的东西还太少,那么将来肯定有希望开拓出新的途径,引导我们去掌握合成有机物的奥秘。"这一向"生命力"论进攻的光辉思想要比韦勒发表彻底推翻"生命力"说的《论尿素的人工合成》早四年。虽然舍夫勒尔未能发现真理,但他已接近真理。

3.搞清了一大批天然有机物的基本结构,这是形成生物化学体系的道路迈出的最初步伐。

　　舍夫勒尔把他10年来关于脂肪的科研成果编撰成六卷书《论油脂》于1823年出版。第一卷提出油脂的化学分类法,取代了按油脂熔点的高低进行分类的方法;第二卷主要介绍了各种类型脂肪酸的性质,以及它们与强碱的反应;第三、四、五卷则详细地讨论了各种不同来源的脂肪和油类的皂化过程,还谈到了他从生命机体的脑子里提取的胆甾醇,并证明是胆石的基本成分;第六卷是对前五卷的简洁扼要的总结。

名句箴言

不是享乐，也不是受苦，而是行动，在每个明天，我们注定的目标和道路，都要比今天前进一步。

——《朗费罗诗选》

人工合成尿素的首创者

弗里德里希·维勒是德国著名的有机化学家，1800 年 7 月 31 日生于德国莱茵河岸上的埃施尔亥姆，这个地方在法兰克福市附近。

维勒的父亲是当地有名气的医生，为人性格内向，性情沉着而稳重。他特别喜欢自己的儿子，非常关心他的成长，为了把他培育成才，父亲处处严格要求、

55

细心指导孩子。少年时代的维勒喜欢诗歌、美术,还特别爱好收藏矿物标本。中学时代,在各门自然科学中,维勒最喜欢化学,尤其对化学实验感兴趣。在他居住的房间里,床下胡乱地堆放着许多木箱,里面盛满了各种各样的岩石。矿石和矿物标本。地上到处可见形形色色的矿物晶体,屋角里摆放着一堆堆的实验仪器,有玻璃瓶、量筒、烧瓶、烧杯,有打破的曲颈瓶以及钢质研钵等等,他的宿舍简直成了一间实验室和贮藏室。这引起了父亲的极大不满,医生要求自己的儿子学好每一门功课,不得偏废。为此,父子俩常发生口角。有一次,被激怒了的父亲,竟没收了儿子的《实验化学》一书。维勒对此很伤心,他被迫跑去找父亲的好朋友布赫医生。布赫医生早年也曾对化学发生过极大兴趣,在他那里,一直存放着许多著名学者编著的化学教科书和一些专著。还有不少柏林、伦敦、斯德哥尔摩科学院的期刊杂志。维勒寻求到了布赫的支持,孜孜不倦地阅读着这些珍贵的化学资料,还经常同布赫医生讨论一些他们感兴趣的化学问题,在他的头脑里,知识一天天地积累起来了。维勒的这种旺盛的求知欲又重新激起了布赫对化学的浓厚兴趣。他们成了志同道合的忘年交,在各方面布赫都给了维勒以宝贵的支持和帮助。这位医生还很注意启发维勒的思想,经常对他说:"如果想要成为科学家,你就应当具备许多知识,要什么都知道……"因此,这段友好交往,对维勒中学阶段的学习起了良好的促进作用,他更加勤奋地钻研各门功课。

1820年,他以优异的成绩从中学毕业了。按照全家人的意见,维勒选择了学医。1820年秋天,20岁的维勒进入了马堡的医科大学。他喜欢上大学,在学校里他一心一意地攻读所有的功课。但他只要回到宿舍,就又专心地搞起化学实验来,天天如此。这好像成了他的一种爱好,不做做实验就不能安稳地入睡,晚上,维勒总是埋头于那些烧瓶和烧杯之间,似乎忘记了世上的一切。他的第一项科学研究,正是在那间简陋的大学生宿舍里成功的。他最早研究的是不溶于水的硫氰酸银和硫氰酸汞的性质问题。

弗里德里希·维勒和家人

有一次,当他把硫氰酸铵溶液与硝酸汞溶液混合时,得到了硫氰酸汞的白色沉淀。经过过滤,他把沉淀物放在一边,让它自然地干燥着,自己就躺下去睡觉。但他脑子里还总想着实验的事,无论如何也不能入睡。于是干脆爬起来,重新点燃蜡烛,接着做实验。他将一部分硫氰酸汞放在瓦片上,让它靠近壁炉里熊熊燃烧的炭火。不一会儿,瓦片被烧热了,上面的白色粉末开始劈啪作响,并逐渐在瓦片上分散开来。维勒高兴极了,他兴致勃勃地注视着所发生的一切现象。响声停止后,他取了一点白色粉末,蘸上点水,用手把它揉搓成一根白色的长条。放在瓦片上干燥片刻,然后给瓦片的一端猛烈加热。于是,重新又听到劈劈啪啪的声音,白色的长条受热后开始剧烈地膨胀着,形成了一个大气泡。那气泡像球一样飞快地向另一端滚去。待反应停止后,剩下了一块不能流动的黄色物质。如此壮观与罕见的分解现象,使维勒非常兴奋。他激动得又度过了一个不眠之夜。

经过几个月的深入研究,他在自己的第一篇科学论文中,详细地描述了这个现象。由布赫医生推荐,这篇论文发表在《吉尔伯特年鉴》上。该文发表后,立即引起了瑞典化学家贝采里乌斯的重视。他在撰写《年度述评》中,以十分赞许的口吻对维勒的论文给予了肯定的评价。

这一成果增强了这个青年学生的信心,为了继续深造,他决定到海德堡去。维勒要拜著名化学家列奥波德·格美林、生理学家蒂德曼教授为师。1822年秋天,维勒到了海德堡,首先在蒂德曼教授指导下从事实验工作,准备将来当医生。同时,他还可以在格美林的实验室里工作。那里的实验条件较好,所需的物品应有尽有。维勒继续着手研究氰酸及其盐类,同时还得同帝德曼教授一道工作,头绪繁多的研究项目,使他的全部时间安排得满满的。然而,这个青年人,硬是坚持了下来,并取得了丰硕的成果。

维勒在化学方面取得的成果,表现出他卓越的研究才能和在化学上的较深造诣,深得格美林和蒂德曼教授欣赏,他和他们结下了深厚的友情。根据蒂德曼教授的建议,他又着手研究一个极为重要的生理学课题,即研究动物有机体尿液中排泄出来的各种物质。维勒用狗做实验,也对自己进行实验,他从尿中分离出了纯净的尿素。这是一种易溶于水的无色晶体。维勒对它进行了全面分析,查明了该物质的一些重要性质。经过实验,他还得知在人们的一日三餐中,哪些食物能够引起尿中尿素含量的增加。这些实验结果,使帝德曼教授感到十分满意。

1823 年 9 月 2 日,维勒通过毕业考试,他获得了

尿素

外科医学博士学位。但他并没有为此而兴高采烈,因为这将意味着他就要离开格美林的化学实验室,告别这位良师益友。格美林了解这位年轻人的心情,于是就推荐他到瑞典著名学者贝采里乌斯那里去学习与工作。当年冬天维勒就到了斯德哥尔摩,在这位卓越化学家的私人实验里开始工作了。此时的贝采里乌斯正在研究氟、硅和硼的化合物。在这里,维勒熟练地掌握了分析和制取各种元素的不少新方法。同时,他还继续研究氰酸。一年的留学时间转眼就过去了,1824 年 9 月 17 日告别了贝采里乌斯,维勒回到家乡法兰克福。回家后的第二天,他重又来到布赫医生家里,同过去一样,他们几乎每天都在一起热烈地讨论着有关化学问题。维勒重新把自己的住所变成了实验室。在继续研究氰酸的同时,他利用实验过程中的空闲时间,把贝采里乌斯主编的《年度述评》译成了德文。

当时,维勒正埋头研究制取氰酸铵的最简便的方法。他首先让氰酸和氨气这两种无机物进行反应。结果使他感到意外,生成物不是氰酸铵,而是草酸。他多次重复这一实验,结果仍然一样。于是改用氰酸与氨水进行复分解反应,企图制得氰酸铵,结果他注意到"形成了草酸及一种肯定不是氰酸铵的白色结晶物"。他分析了这种白色物质,证明它确实不是氰酸铵。因为它与苛性钾反应,并不放出氨,它与酸反应,也不能产生氰酸。因此,维勒肯定,他发现了一种与氰酸铵不同的新物质。那么,这白色晶体究竟是什么呢?限于当时的实验条件,他自己还证明不了。他渴望有一个条件较好的实验室,为此,他毅然受聘到柏林工艺学校去任教。尽管那里的工资待遇不高,居住条件也较差,但他满意那里有一个设备齐全的实验室。

到 1828 年为止,他一直在这里工作,使用了当时最先进的实验分析方法,证实了他早在四年前在家乡发现过的白色晶状物质正是尿素,他还发现,用氯化铵与氰酸银或以氨水与氰酸铅反应,都能得到比较纯净的尿素,维勒感到无比兴奋。经过自己三年的艰苦工作,他终于实现了由无机物来人工合成尿素的设想。他把这一成果写成论文,题为"论尿素的人工制成"发表在 1828 年《物理学和化学年鉴》第 12 卷上。这篇论文引起了化学界的一次轰动。因为在 18 世纪至 19 世纪初,生物学和有机化学领域中普遍流行着一种"生命力"论。它认为有机物只能依靠一种生命力在动植物有机体内产生。在生产上和实验室里,人们只能合成无机物质,不能合成有机物质,尤其是由无机物合成有机物更不可能。贝采里乌斯曾认为,许多化学定律对有机物不起作用。因此,维勒的成就在公之于世后,立即产生了巨大反响,不少人为之欢呼,纷纷祝贺。但同时也遭到了许多人的反对。贝采里乌斯最初听到这个消息时,幽默地讽刺说:"能不能在实验室造出一个孩子来。"

人工合成尿素,不仅为维勒本人赢得了荣誉,这一发现在化学史上也具有重大意义。首先,人工合成尿素又一次提供了同分异构现象的早期事例,成为有机结构理论的实验证明;其次,这一发现强烈地冲击了形而上学的生命力论,为辩证唯物主义自然观的诞生提供了科学依据。它填补了生命力论制造的无机物同有机物之间的鸿沟。恩格斯曾指出,维勒合成尿素,扫除了所谓有机物的神秘性的残余;第三,人工合成尿素在化学史上开创了一个新兴的研究领域。尽管这一发现最初仅限于孤立的个别事例,而且在生命力论者看来尿素不是真正的有机物,只是动物机体的排泄物并易于分解成氨和二氧化碳,只是一种联系有机物和无机物的过渡产物,真正的有机物绝不能人工合成。但维勒提出的有机合成的新概念,促使了以后关于乙酸、脂肪、糖类物质等一系列有机合成的成功。因此可以说,维勒开创了一个有机合成的新时代。

维勒还是一位化学教育家。为人类培育了许多化学良才,他的学生中有不少人后来成了著名的教授、工程师和化学工艺师。弗里德里希·维勒,最终成为世界上赫赫有名的伟大化学家,他一生中取得了科学研究的累累硕果,但同时,他也有过重大失误。他曾因一时疏漏而失去了发现化学元素钒的机会。当时维勒正在斯德哥尔摩随贝采里乌斯从事研究工作,教授曾指定他分析墨西哥出产的黄铅矿石。在分析化验过程中,维勒曾发现过几种特殊的沉淀物,当时他认为这可能是铬的化合物,但并未深究其真实面目,过后这一现象又被他的同学瑟夫斯特姆发现。后者却抓住这个现象不放,经过反复实验研究,终于发现那沉淀物是一种含有新元素的物质,这种元素就是钒。维勒得知后,在感到震惊的同时,思想上也很苦闷、内疚和失望。后来,他受到了恩师贝采里乌斯及时的鼓励和教导,重新振作了起来,但这件事仍然令他终生难忘,他还常常以此为训去教育他的学生及子女。

维勒的这一经历,成为后辈科学工作者的一面镜子。他的实践表明,在科学面前,不能有半点疏忽和粗心大意。对任何新现象、新问题,都不能单凭经验去作主观的猜测。要善于进行全面的客观的观察与实验,思维要敏捷,注意捕捉科学实践中的一切机遇。

1882 年 9 月 23 日,弗里德里希·维勒因病医治无效,逝世于哥廷根。这无疑是化学事业发展中的一大损失。至今,每当人们提到尿素的人工合成时,还会很自然地想起维勒的名字。

科学没有国境，但科学家有祖国。

——巴斯德

名句箴言

氮分析法的建立

德国有位李比希，瑞典有位贝采里乌斯。若在法国寻找这样的化学家，首先就要提到杜马的名字。从化学界的功绩、声望和经历上看，杜马和这两个人都非常相似。特别是和李比希，甚至在两三个微妙的遭遇上都是相似的。

杜马（Jean Baptiste André Dumas）是法国南部卡尔州的阿莱人。他和维

杜马

勒出生在同年同月,诞生于 1800 年 7 月 14 日。他比维勒晚逝世两年,殁于 1884 年 4 月 11 日。父亲是市镇的一名文书。杜马在受过初等教育之后,曾有志加入海军,但因未获准而未能实现。后来在市镇的药店当学徒。在这里我们看到了同李比希遭遇相似的第一个例子。当然不只是李比希,在药店当学徒出身的著名化学家是有很多的。

维勒也是其中的一个。英国的戴维也是如此。据此也可以大致地推断出当时的化学界状况是如何了。因为杜马生来就具有科学的兴趣和才能,对药店的许多工作也都很喜欢。然而,由于他的志向远大,觉得在这里终究难以施展才能。于是在 16 岁时就独自一人离开故乡,徒步向东北跋涉 200 英里,奔赴瑞士的日内瓦去投奔熟人,被介绍到一个药品研究所工作。此后,听过物理学界的皮克泰(M. A. Pictet. 1752—1825 年),植物学界的德·康多尔(A. P. de Candolle, 1778—1841 年)和化学界的德·拉·里夫(G. de la Rive)等人的讲课。到研究所后杜马的才华立刻显露出锋芒,受到了老师和高年级同学的赏识,给他以特别的指导,从而不断地取得了研究成果。他研究的范围很广泛,涉及到草药、医学、生理学、化学和热学以及其他方面。

他22岁时离开日内瓦去巴黎,一跃而进入科学界的先进行列。论学识,学识渊博;论成果,硕果累累,声誉逐年提高,终于成为法国化学界,甚至欧洲化学界屈指可数的显赫人物之一。

刚到巴黎时,他担任了高等工业学校及其他学校的编外讲师、教授等职务。1832年继盖·吕萨克之后,任巴黎大学的教授,当时只32岁。在这之前,他早已是法国科学院的院士。后来,在1848年的二月革命之后不久,又被选为宪法制定议会的议员,并任教育会议副会长及农商务部部长等要职。在拿破仑三世帝国成立时,又被推举为参议院议员、巴黎市议会议员、市议会议长,以及造币局长官等职。这大概是由于当时要治理混乱的社会,需要杜马的学识和才能的缘故。实际上杜马也是完全能够胜任的。在与上层政治无关的领域,如教育制度、劳动问题、贸易问题、土木卫生事业、城市规划和货币制度等各方面,杜马都显示了独特的才能,取得了十分显著的效果。

在以自己的学识和才能来诚心为社会服务方面,杜马也是和李比希很相似的。这样做的结果使他的学术研究生活不幸受到了影响,以至到了晚年时深为感叹。在这一点上两人也是相似的。

　　李比希是德国最早的化学教育家,同样,杜马则是法国最早的化学教育家。1832 年以来,杜马曾为学生自费建设了化学实验所。他为此克服了许多困难。一些知名的化学家,如斯达司和路布兰等就是从这里培养出来的。

　　在杜马的事迹中,最引人注目的是在有机化学上的成果,其中关于取代学说和类型学说前面已有叙述。这里要补充说的是,有一天夜晚在杜伊勒里王宫举行音乐会的时候,大厅里出现了一种不寻常的臭气,使在场的显贵的先生和女士们感到难以忍受。当时人们断定臭气是来自于那些把全场照耀得明亮辉煌的精制蜡烛。这时恰巧杜马的岳父也在座,就被委托来调查其中的原因。后来这项任务又转托给杜马承担了。杜马断定那种臭味无疑是氯化氢的味道。那么蜡烛燃烧时为什么会产生氯化氢呢?这些蜡烛虽然经过氯的漂白,然而也不会有多少残留的氯,但是在燃烧时却放出了很浓的臭气。他终于查明,氯并不是被吸收,而是取代了蜡烛中的氢,并以化合状态存在于蜡烛之中。像氯这样的电负性的原子,居然能够取代氢这样的电正性的原子,的确是出人意料的。随后杜马就以此为出发点提出了取代理论,进而又引出了类型学说,有力地促进了有机化学的发展。

　　这使人们回忆起 1808 年发生的一段往事。在秋末的一天傍晚,巴黎的年轻物理学家马留斯(E. L. Malus,1775—

1812 年）正靠在实验室的窗前，眺望着卢森堡宫殿窗户所闪耀的红彤彤的夕阳光辉。这时，他手里正拿着一块方解石的晶体，无意中想用这个晶体来观看一下玻璃上太阳的影像。他立即惊叫了起来。原来他看到了两个太阳的影像。而当晶体改变某种位置时，双像之一就消失了。他发现的

马留斯

这个奇异现象就是反射光的偏振现象。从卢森堡宫殿的闪耀着夕阳光辉的窗户上所发现的这一重要光学事实，同在从杜伊勒里宫晚会上蜡烛燃烧放出的刺激气体中所暗示的重要有机化学事实联系起来，恰好成为自然科学史上的一对相互映照的佳话。

杜马对有机化学的贡献不单是提出了取代理论，而且还主张用以太林基（C_2H_4）的存在来支持基团理论；他还研究了

木精的组成,并把它命名为甲醇;发现了醇类及脂肪酸类的同系列;还提出了测定有机化合物中含氮量的"杜马定氮法"等等,这些都是学习有机化学的学生所知道的。

除有机化学之外,在生理化学方面,还有关于脂肪形成的研究和发酵的研究。在其他方面有杜马的蒸气密度测定法、碳原子量的测定、空气的组成和氧及氮的密度的测定。对于许多元素的原子量间的关系也做过一些重要而有趣的考察。

此外,他还从事编辑《化学和物理学》杂志长达 44 年之久。他在创建法国学术奖励协会等工作方面的功绩也是不能忘却的。

《化学和物理学》杂志封面

在对杜马传略的叙述即将结束的时候,这里想再介绍一个决定了他一生方向、值得纪念的小故事。

这是杜马在日内瓦度过愉快、安静的学习生活中所发生的事,时年22岁。杜马说:"有一天,我正在书房描绘显微镜中的图像,这时似乎听到有人走上楼来,并在门前站住,轻轻地敲着门。我一边画着,一边说:'请进!'我回头一看,不禁令人一惊。进来的是位很奇怪的先生。蓝上衣镶着金扣子,白背心,棉布短裤和长筒靴,全都是不合乎时代的装束。本来从相貌上看是位中老年人,然而目光却炯炯有神,像年轻人一样热情洋溢。他满面笑容地走上前说:'您是杜马先生吗?'我说:'是! 我这个样子请您原谅。为了工作方便而穿了件很随便的衣服。'他有礼貌地说:'不,请不要客气! 我是洪堡。这次来日内瓦,如果见不到您,会是很遗憾的。'我听后很吃惊,急忙更换上衣,重新表示了歉意。室内只有一把椅子,我敬劝客人就座。我坐到了窗台上。洪堡男爵是最近读了我和朋友一起发表的关于血液的论文后,特意来看标本的。"

"'我是去参加佛罗那的会议,途中路过日内瓦,打算稍做逗留,看望一些老朋友,结识一些新朋友,特别希望结识那些想要做些研究工作的青年……怎么样? 您做我的秘书可以吗? 每天可得从早到晚在外面跑。'我欣然接受了这个任务。一种意料之外的无限喜悦像潮水一样涌上心头。从那以后,我每天除了外出访问的时间,几乎终日跟随在洪堡男爵身边。他非常健谈,话题从这飞到那。而我总是沉默不语,洗耳恭听,感到深受教益。当然,就我来说,当听到拉普拉斯、贝托雷、盖·吕萨克、阿拉格、泰纳尔、居维叶和巴黎的其他著名科学家的名字时,敬佩之情油然而生,甚为感动。这是先生在周游世界之后所忆起的种

洪堡

种往事。从旅游到登山,当然还有关于科学的讨论。一谈到科学,先生就滔滔不绝地谈到天文、物理、化学、博物学等等——不是会话,而是独言自语。但是由于声音较低,并缺乏抑扬顿挫而未能留下深刻印象。只是有时无意识地说些笑话,即使是声音不太吸引人,但若注意观察他的神态,也可以从他的眼睛里完全了解到他内心的愉快活动。

　　不久之后,洪堡男爵便离开了日内瓦。他走后,对我来说,日内瓦全城就好像是一片废墟了。在想忘也忘不掉的那些日子里,似乎使我变成了另外一个人。好像是着了迷,特别是巴黎科学家们愉快合作、共同研究的情景深深铭刻在我

心中。这使我想到，对于立志成为科学研究的青年来说，塞纳河畔的巴黎是无可比拟的。去巴黎吗？想要学习只有巴黎，一定非到巴黎去不可……"

满怀雄心壮志的青年杜马，此后不久就成了巴黎人。巴黎正像东方夜空上闪烁的群星，到处都有科学家拉普拉斯、贝托雷、弗兰克兰、盖·吕萨克、泰纳尔、普伦尼阿尔、居维叶、吉奥甫罗·塞·特莱尔、阿拉格、安培、帕森，还有杜马。他那充满幸福的一生也就是从这里开始的。

那位到杜马宿舍拜访的客人洪堡男爵，名叫亚历山大·冯·洪堡。他是名著《宇宙》的作者，伟大的世界主义者。他像一颗流星，在人们出乎意料的时间、出乎意料的地点突然闪烁而现，并总是照耀在满怀希望的青年身上。蒙受到这一光辉的人，在法国有杜马，在德国有尤斯图斯·李比希。每当一些青年学者听到洪堡的名字，就无不感到鼓舞和崇敬。

在有机化学发展的初期，科学家们提出了好几种假说。虽然现在看来并未能反映有机化合物的本质，但却对系统的有机结构理论的形成和发展起过极其重要的作用。我们学习这些理论，有助于了解有机化学的形成和发展。

第一，基团理论。19世纪早期。贝采里乌斯提出的二元电化理论深得化学界的赞同。他同化学家戴维都主张用这个理论解释有机化合物。他们都认为有机化合物是由荷正电的组分与荷负电的组分所组成的，氧是负电性最大的物质，于是把含氧有机物都写成氧化物的形式。李比希却不以为然，认为有机物是由基团构成的。1832年李比希和化学家维勒共同研究苦杏仁油的各种化学反应，制备出一系列含溴、碘、硫等的衍生物。1838年，李比希对基团下了如下的定义：基是一系列化合物中不变化的组成部分；基可被其他简单物取代；基与某简单物结合后，此简单物被等量的其他简单物代替。李比希的研究是这样考虑的："在任何科学发展史中，某一时期的研究，完成了某些一般的叙述，这些叙述随时都因新的发现而不断改善和完善。这就使人们努力整理发现的事实和寻找将这些事实串联在一起的共同纽带。"

基团理论得到了德国化学家本生的支持。因他研究大量的二甲胂基化合物,并真正离析出二四胂基自由基。就是基团理论的胜利。基团理论在当时归纳了一些有机化学事实,解释了一些有机化学反应,为有机化合物系统化起了一定的作用,也是现代官能团概念之滥觞。但基团理论也存在着一些问题。例如,按照基团理论,基应该是稳定的,在化学反应中保持不变,但后来发现在一些取代反应中,有些基的原子可以被其他原子取代。

第二,取代学说。当时这些不符合基团理论的零散事实,并未引起化学家的足够重视。直到 1834 年法国化学家杜马系统地研究了氯化反应,人们才注意取代反映问题。杜马发现,氯与乙醇作用取代了氢,生成了氯醛。于是他们在前人工作和自己实验的基础上,提出了取代学说:含氢有机化合物受卤素或氧化作用后,每失去 1 个氢原子,就必然得到 1 个卤素原子或半个氧原子,杜马提出的取代学说,起初并没有被普遍承认,相反却受到贝采里乌斯、李比希和维勒等著名化学家的攻击。他们认为取代学说是电负性的氯取代了正电性的氢,即没有发生本质上的变化。这是电化二元论所不允许的,所以他们极力反对取代学说,致使取代学说在化学界曾遭到一个时间的冷落。由于取代学说与电化二元论是矛盾的,人们就把取代学说称为一元论。但是,愈来愈多的事实证明取代作用在有机化学反应中是存在的。

1839 年杜马用醋酸制造出三氯醋酸,在他的实验报告论文中写道:"氯作醋酸是与普通醋酸十分相像的酸,醋酸的氢部分被氯排出和取代了。而从这种取代中,醋酸只在自己的物理性质中发生很小一点变化,一切根本的性质仍然不变。""我所发现的事实与贝采里乌斯的电化学理论相矛盾。贝采里乌斯希望氢永远是正电性的,氯永远是负电性的,当我们看到他们彼此取代并起着相同的作用时,他仍这样希望"。贝采里乌斯却坚持他提出的电化二元论,在晚年参加多次学术论战,大多以失败而告终。1827 年贝采里乌斯对这种僵化的思想做了批评。他说:"拘泥于一种见解,常使人完全坚信其正确,它掩盖了缺陷,并使我们不能接受与它相反的证据。"后来的大量实验事实证明,电化二元论虽能解释不少的无机化学现象,但却不适用于有机化合物。

第三,类型理论。19 世纪 40 年代的前后,在有机化学的理论问题上有坚持电化二元论的;有基本观点是电化

杜马

二元论，但是建议修改、补充基团理论和电化概念；有主张扬弃电化二元论，建立新学说。1839 年杜马通过氯气和醋酸直接反应得到了三氯醋酸。根据这个反应他认为在有机化学中存在着一定的类型，当中所含的氢被氯、溴或碘代替时，化合物的类型不变。进而他又根据化合物的性质是不是相同，将化合物分为化学类型和机械类型两种。所谓化学类型，是指化学式相似，而且化学性质也相似的有机化合物，例如醋酸和三氯醋酸属于同一化学类型，沼气和氯仿也属于同一化学类型。所谓机械类型，是指化学式相似，但化学性质不同的有机化合物，例如沼气和蚁酸属于同一机械类型；醋酸和酒精也属于同一机械类型。在同一机械类型中，各个化合物之间的关系是根据化学式的类比推出来的，并没有实际取代关系。

杜马提出的取代学说和类型理论,总结了有机取代反应的变化规律,使人们知识了有机化合物与无机化合物不同的一些特点,并做了许多有机物的实验,推动了有机化学的发展。

"有机化学"这一名词于 1806 年首次由贝采里乌斯提出。当时是作为"无机化学"的对立物而命名的。19 世纪初,许多化学家相信,在生物体内由于存在所谓"生命力",才能产生有机化合物,而在实验室里是不能由无机化合物合成的。

1824 年,德国化学家维勒从氰经水解制得草酸;1828 年他无意中用加热的方法又使氰酸铵转化为尿素。氰和氰酸铵都是无机化合物,而草酸和尿素都是有机化合物。维勒的实验结果给予"生命力"学说第一次冲击。此后,乙酸等有机化合物相继由碳、氢等元素合成,"生命力"学说才逐渐被人们抛弃。

由于合成方法的改进和发展,越来越多的有机化合物不断地在实验室中合成出来,其中,绝大部分是在与生物体内迥然不同的条件下合成出来的。"生命力"学说渐渐被抛弃了,"有机化学"这一名词却沿用至今。

从 19 世纪初到 1858 年提出价键概念之前是有机化学的萌芽时期。在这个时期,已经分离出许多有机化合物,制备了一些衍生物,并对它们作了定性描述。

法国化学家拉瓦锡发现,有机化合物燃烧后,产生二氧化碳和水。他的研究工作为有机化合物元素定量分析奠定了基础。1830年,德国化学家李比希发展了碳、氢分析法,1833年法国化学家杜马建立了氮的分析法。这些有机定

拉瓦锡

量分析法的建立使化学家能够求得一个化合物的实验式。

当时在解决有机化合物分子中各原子是如何排列和结合的问题上,遇到了很大的困难。最初,有机化学用二元说来解决有机化合物的结构问题。二元说认为一个化合物的分子可分为带正电荷的部分和带负电荷的部分,二者靠静电力结合在一起。早期的化学家根据某些化学反应认为,有机化合物分子由在反应中保持不变的基团和在反应中起变化的基团按异性电荷的静电力结合。但这个学说本身有很大的矛盾。

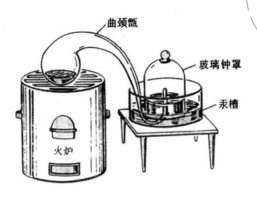

曲颈甑

玻璃钟罩

汞槽

火炉

拉瓦锡著名的研究空气成分所用的装置

　　类型说由法国化学家日拉尔和罗朗建立。此说否认有机化合物是由带正电荷和带负电荷的基团组成,而认为有机化合物是由一些可以发生取代的母体化合物衍生的,因而可以按这些母体化合物来分类。类型说把众多有机化合物按不同类型分类,根据它们的类型不仅可以解释化合物的一些性质,而且能够预言一些新化合物。但类型说未能回答有机化合物的结构问题。

　　有机化合物按不同类型分类,根据它们的类型不仅可以解释化合物的一些性质,而且能够预言一些新化合物。但类型说未能回答有机化合物的结构问题。

经典有机化学时期

名句箴言

我要做的事，不过是伸手去收割旁人替我播种的庄稼而已。

——《歌德谈话录》

有机结构理论的奠基人

弗里德里希·奥古斯特·凯库勒是近代化学史上的一位著名有机化学家。他 1829 年 9 月 7 日出生于德国达姆施塔特。中学时代的凯库勒已才华初露，他能讲四门流利的外语。法语、拉丁语、意大利语和英语。他非常喜欢钻研问题，思想深刻而新颖，经常受到老师们的表扬，同学们也总爱同他一起讨论问题,觉得他对别人的思想有启发。他几乎对一切科学现象都很感兴趣,在各方面都表现出独特的才能。写作方面也与众不同,经常独出心裁;在建筑方面,他表现了惊人的天资。有一位建筑师是他家的世交,他经常教凯库勒制图和绘画,这个学生的接受能力颇使他惊奇,

凯库勒

当时,在达姆施塔特市有三幢新建的房子,人们想不到它竟是由一个中学生设计出来的,他的名字就叫凯库勒。他喜欢学自然科学,但当时对化学并无什么偏爱。考虑到将来会有更多的收入,父母都主张他将来学建筑。然而不幸的是,在他中学毕业以前,父亲就去世了,他只好边工作边读书。

1847年,他考入吉森大学学建筑学,在大学里,所学的课程有几何学、数学、制图和绘画。他口齿清楚,具有非凡的演说才能,他谈吐风趣。善于很有策略地提出重要建议。所以,入学不久他就成了人们普遍喜欢的活跃人物。

李比希是当时吉森大学里颇受人敬佩的化学家,凯库勒

决定亲自去听听这位声望很高的科学家讲课。他听了课之后,感到果然名不虚传。于是,他很快就被这门奇妙的、具有强大生命力的学科所吸引。于是,他立志转学化学。此举遭到了亲人们的坚决反对,为此,他曾一度被迫转入达姆施塔特市的高等工艺学校求学。但他仍坚信,自己未来的前途是从事化学,别无他路。进入工艺学校不久,他就同因发明磷火柴而闻名的化学教师弗里德里希·莫登豪尔接近起来。凯库勒在这位老师的指导下,进行分析化学实验,熟练地掌握了许多种分析方法。当亲人们了解到凯库勒决心不放弃化学时,只好同意他重返吉森大学继续学习。1849 年秋天,他回到了李比希实验室,继续进行分析化学实验。李比希被这位学生的坚强意志深深地感动了。在他的指引下,凯库勒从此走上了研究化学的道路。

为了在化学方面继续深造,1851 年,凯库勒在叔父的支助下,自费去法国巴黎留学。由于经济上紧张,他在巴黎只能维持很低的生活水平。但精力充沛的凯库勒,全然不顾这些困难,硬是顽强地刻苦学习着。他要利用一切机会与每一分钟时间,充分吸收法国新的学术思想和学术风格。有一天他从校园里的布告牌上得知,著名法国有机化学家查理·日拉尔正在讲授化学哲学课。他随即跑去听课,课后他向日拉尔提出了一些相当重要的问题,立刻引起了这位学者的重视。他被日拉尔请到自己的书房里,一起讨论。

凯库勒和他在比利时的学生(前排中间为凯库勒)

他们谈得很投机,竟忘记了吃饭。当他告别日拉尔慢慢走回家时,已经是深夜了。在巴黎,凯库勒过着清苦的生活。每天从早到晚,奔跑在教室与图书馆和宿舍之间。他的收获很大,掌握了不少新的实验事实和研究方法。他抓紧每一分钟时间,因为他深知,离 1852 年春天回国的日子越来越近了。

凯库勒所写的第一篇化学论文,是他研究硫酸氢戊酯的成果。这篇学术论文,得到了威尔教授等专家的很高评价。论文发表后,1852 年 6 月,大学的学术委员会决定授予凯库勒以化学博士学位。

回国后不久,经李比希介绍,凯库勒到阿道夫·冯·普兰特的私人实验室工作过一段时间。后来到伦敦的约翰·施坦豪斯的实验室工作。施但豪斯实验室的主要任务,是分析各种药物制剂,并研究从天然物(主要是植物)中制取各种新药的方法。这些工作单调乏味,每天累得精疲力竭,但凯库勒却毫无怨言,不知疲倦地研究着。晚上闲下来,就和同事们讨论有机化学中的理论问题和哲学问题。他们围坐在一起,进行着激烈的争论:像"化合价""原子量""分子"等概念,都是多次引起争论的话题。

凯库勒对原子价问题特别关注。他反复设想着,二价的硫和氧是一样的,因此,如果具备适当的条件,某些含氧有机化合物中的氧应该能被硫原子所取代,不久。他的想法果然得到了实验证明,由此,凯库勒认为原子的"化合价"概念,可以作为新理论的基础。原子之间是按照某种简单的规律化合的。他把元素的原子设想为一个个极小的小球,它们之间的差别只是大小不同而已。每当他闭上眼睛时,就仿佛清晰地看到了这些小球,在不停地运动着。当它们相互接近时,就彼此化合在一起。在施但豪斯的实验室里,紧张而单调的工作几乎占去了凯库勒的全部时间,他的许多科学思想、新的假说都无暇去深入思考和进行实验验证。因此,他渴望能回到德国去,即使在某大学当个讲师,也可以有进行自己科研工作的时间。在 1855 年春天,凯库勒离英回国。他先后访问了柏林、吉森、葛廷根和海德堡等城市的一些大学,但令他失望的是,这么多地方都未能使他找到一份合适的工作。于是,他决定在海德堡以副教授的身份私人开课。他的这个想法得到了海德堡大学的化学教授罗伯特·本生的支持。凯库勒租了一套房子,把其中的一间作为教室,将一间改装成实验室。经济上完全由叔父支助。

到他这里来听课的人,最初只有 6 人,但没过多久,教室里就座无虚席了。这使凯库勒获得一笔可观的收入。而预约登记到他的实验室来工作的实习生还在与日俱增。他一边讲课,一边带实习生做实验,并用所有的空闲时间继续自己的研究。主要课题还是在伦敦时开始的有机物的"类型论"和原子的"化合价"。资金虽不充足,但尚可维持研究能不断进行下去。凯库勒用弄到的各种化学试剂合成了许多新物质,研究了它们的性质。他特别集中精力研究了雷酸及其盐类,期望搞清它们的结构。

凯库勒的研究,使原有的几种基本类型的有机化合物中,又补充了一种新的类型——甲烷类型。例如把甲烷的四个氢原子由一价的基团所取代,则可以得到甲烷类型的化合物。在《论雷酸汞的结构》一文中,他阐述了上述结论。在当时的德国,能理解和赞同日拉尔和欧德林等人的科学思想的化学家甚少,而凯库勒却补充和发展了他的类型论。

关于原子价理论,凯库勒曾发表了《关于多原子基团的理论》一文,他提出了一些基本原理。并对弗兰克兰、威廉逊、欧德林等人的某些结论加以概括总结,深入地研究了原子间的化合能力问题,他认为,一种元素究竟以几个原子与另一种元素的一个原子相结合。这个数目取决于化合价,即取决于各组分之间亲和力的大小。他把元素分为三类:

一价元素——氢、氯、溴、钾和钠;

二价元素——氧和硫;

三价元素——氮、磷和砷。

这样,凯库勒就阐明了他对化合价的观点。在该文中,他还指出在所有的化学元素中,碳是占有特殊地位的。在有机化合物中碳是四价,因为它与四个一价的氢或氯相结合而形成 CH_4、CCl_4。但是,碳还能生成别的碳氢化合物。因此,对于含碳的化合物需要特别加以研究。他的《论含碳化合物的组成和转化,兼论碳的化学性质》一文,不仅论证了碳在有机物中呈四价这一特点,还指出日拉尔曾试图用一个普遍原理——"双置换"(或称"二元置换")来概括所有的化学反应。实践证明,日拉尔的理论是错误的,因为有些反应是由几个分子直接化合成一个分子。文中凯库勒还用他崭新的思想考察了有机基团的组成。他写道,对于那些含有若干个碳原子的物质来说,应认为,个别种元素的原子是依靠了碳对它们的亲合力(即化合价)才能存在于有机物中。碳原子与碳原子之间也相互化合,这时,一个碳原子的部分亲和力(化合价)被另一个碳原子的等量亲和力(化合价)所饱和。这在当时大多数化学家还不理解化合价的本质时,凯库勒的上述思想,也就是关于碳链的新思想的出现是有机化合物理论的一次革命。

凯库勒不仅表述了关于碳链的见解,还陆续地提出了有机化合物的结构理论,指出饱和碳氢化合物的组成通式为C_nH_{2n+2}。他还指出,如果用简单转化的方法从一种物质中制取另一种物质,那么,可以认为在这类化合物中,碳原子的排列是不变的。发生转化时,所改变的仅仅是除碳原子外的别种原子的位置和它们的类型。

1861年起,凯库勒编著的《有机化学教程》一书,分册陆续出版问世。1862年33岁的凯库勒与照明用煤气厂厂长的女儿斯特凡尼娅结了婚。美满的婚姻使凯库勒力量倍增,他以更大的热情投入了工作。但可惜的是幸福的时光转瞬即逝。怀孕后的妻子健康状况十分令人担忧,使凯库勒非常焦虑。结果,由于儿子的诞生却牺牲了母亲的生命。凯库勒沉浸在巨大的悲痛之中。多少亲朋好友的劝慰,都未能使他从痛苦中解脱。唯有研究工作,使他在紧张中暂时忘却不幸,他集中精力研究起苯及其衍生物。

凯库勒关于苯环结构的假说,在有机化学发展史上作出了卓越贡献。他早年受到建筑师的训练,具有一定的形象思维能力,他善于运用模型方法,把化合物的性能与结构联系起来,他的苦心研究终于有了结果,1864年冬天,他的科学灵感导致他获得了重大的突破。他曾记载道:"我坐下来写我的教科书,但工作没有进展;我的思想开小差了。我把椅子转向炉火,打起瞌睡来了。原子又在我眼前跳跃起来,这时较小的基团谦逊地退到后面。我的思想因这类幻觉的不断出现变得更敏锐了,现在能分辨出多种形状的大结构,也能分辨出有时紧密地靠近在一起的长行分子,它缠绕、旋转,像蛇一样地动着。看!那是什么?有一条蛇咬住了自己的尾巴,这个形状虚幻地在我的眼前旋转着。像是电光一闪,我醒了。我花了这一夜的剩余时间,作出了这个假想。"于是,凯库勒首次满意地写出了苯的结构式。指出芳香族化合物的结构含有封闭的碳原子环。它不同于具有开链结构的脂肪族化合物。

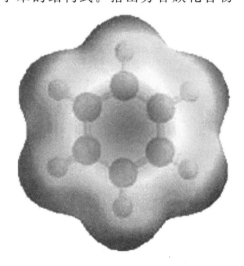

苯环结构

苯环结构的诞生是有机化学发展史上的一块里程碑,凯库勒认为苯环中六个碳原子是由单键与双键交替相连的,以保持碳原子为四价。1866 年,他画出一个单、双键的空间模型,与现代结构式完全等价。1896 年春天,在柏林发生了严重的流行性感冒,早已患慢性气管炎的凯库勒被感染后,病情日益恶化。同年6 月 13 日他与世长辞了。

作为一个杰出的科学家,凯库勒的成就得到了全世界的普遍公认。许多国家的科学院曾选他为名誉院士。他的意见不仅受到科学家们的重视,而且也常为工业家们所采纳,成为 19 世纪以来有机化学界的真正权威。

名句箴言

一切推理都必须从观察和实验得来。

——伽利略

酒石酸结晶的研究

在1848 年的二月革命之后,巴黎的城市秩序还没有稳定下来的时候,在高等师范学院的一个房间里,有一个学生正在聚精会神地观察着一种晶体。说他是学生,实际是刚刚毕业后在巴拉教授领导下工作的青年巴斯德。看外表他是很安静的,但是当看到窗外的国家和社会动荡不安的局面时,就不能使他毫不关心。尤其是他的父亲过去是拿破仑的士兵,曾经远征西班牙,参加过凡登堡战役并立过战功。作为这样父亲的儿子,在他的血管里蕴藏着比别人加倍的爱国主义热情。现在他也参加了警备巴黎的民兵师。但是这些天里因为他发现了关于晶体的一个有兴趣的问题,所以终日专心地埋头在实验室里。

实验室中的巴斯德

酒石酸的晶体

所谓有兴趣的问题,实际上是指酒石酸的晶体。具体地说,就是在酒石酸结晶时,从外观上看,生成的正像右旋水晶或主旋水晶那样的晶体。这是不是结晶学里所说的半面形平面呢？这就是他所要研究的问题。一般书上的记载是不能生成这样的晶面的。米希尔里希也明确写过"不能生成"。如果发现真能够生成这样晶面的话，那就将成为这位青年的一个新的发现，还可以由此提出一个假说。

原来，所谓酒石酸是早在 1769 年当舍勒制造葡萄酒时从沉淀下来的酒石中发现的。后来，也就是在 1822 年，在阿尔萨斯的一家葡萄酒厂里，又从酒石中发现了一种稍有不同的酸。因为感到有些奇怪，曾邀请盖·吕萨克去该地进行过研究，并命名为葡萄酸。贝采里乌斯对此也进行过研究，并曾命名为对位酒石酸。当他把它同舍勒的酒石酸进行比较观察时，发现它们的组成是完全一致的。只是在晶形、有无结晶水和溶解度等性质上有些差别。物质的组成相同而性质不同的这个问题，本来贝采里乌斯认为是不可能存在的，曾经一直坚决反对过，但是到了今天，他自己却也碰到了这样的事实。实际上，这个事实就是一块打开有机化学理论大门的敲门砖。

1815 年，在酒石酸和葡萄酸之间又发现了更为有趣的差别，也就是比奥（Jean Baptiste Biot，1774—1862 年）发现了两者在光学性质上的不同。也就是当偏振光通过酒石酸或其盐类的水溶液时，偏振面发生某些旋转的性质。随着溶液的浓淡程度的变化而稍微向右旋转。但是对于葡萄酸来说，则不管是酸还是它的盐类都没有这样的性质。

偏振光是在不久之前的 1808 年马留斯发现的，偏振面能向左右方向旋转在前面也已做过介绍，马留斯不幸于 37 岁时夭折，其后，比奥和阿拉格又继续研究并取得了许多

比奥

成就，例如发现石英晶体的晶片可使偏振面旋转，晶片的厚度和旋转角度成比例，石英晶体可使偏振面向右旋转，也可以向左旋转。其他如砂糖、樟脑和酒石酸等溶液以及松节油等液态物质，都具有能使偏振面发生旋转的性质。这些事实主要是比奥发现的。

此外，还由于晶体学家阿雨（René J. Haüy，1743—1822 年）和天文学家赫歇尔（John W. Herschel，1792—1871 年）等人的努力，发现水晶体的半面晶形平面，有的在右方，有的在左方。这种所谓右旋水晶可使偏振面向右旋转，所谓左旋水晶可使其向左旋转，这就是说，在旋光作用和晶形之间可能

存在着某种密切关系。这时,有两个人对这种有趣的事实抱有浓厚兴趣。一个是巴黎理科大学教授、老科学家比奥;另一个是在巴黎师范学院尚未毕业的学生路易·巴斯德。

巴斯德的重大发现

巴斯德认为由于水晶中含有右旋水晶和左旋水晶,也就是在右侧有半面晶形平面,其偏振面向右旋转,而在左侧的则向左旋转,所以,对于酒石酸溶液来说由于它能使偏振面向右旋转,因而也就是右旋活性物质;而葡萄酸则是非旋光性物质。假若是这样的话,那么在化学组成相同的两种酸里,是不是葡萄酸的晶体就不出现半面晶形平面,只有酒石酸才会出现,而且出现在晶体的右侧呢?对于这一设想在当时的书上是否定的。但是,如果真的发生这种现象应该怎样解释呢?这实在是个很有意思的问题。他计划先从酒石酸做些考察。为此,巴斯德就躲藏在研究室里,避开了社会上的干扰,不停地观察着显微镜。

有了!真有半面晶形平面!虽然很微小但一定就是它!以前,因为它过于微小,而使米希尔里希和普劳毕斯特两人都忽略了。于是巴斯德反复地制出了酒石酸的晶体用来进行研究,对酒石酸的盐类也制出许多种(19 种),并且考察了它们的晶体状况,果然发现了一个令人振奋的事实:半面晶形平面确实出现在右上方。

确实很有趣,这回该研究葡萄酸了。他制出了葡萄酸盐后放在显微镜下进行观察。使他高兴的是,发现结晶完全是对称的(也就是未有出现半面晶形平面)。

因为这项研究工作进行得过于顺利,反而使他感觉有些不太放心。所以巴斯德又重新做了一次。他决定重做是完全正确的,否则将失掉一个重大发现的机会。他把重制的葡萄酸盐的晶体又拿到显微镜下去观察时,只见他双眉紧皱,脸色有些暗淡了。原来葡萄酸盐也出现了半面晶形平面,并且所有的晶体都有这样的平面。

怎么搞的,真叫人泄气!巴斯德无可奈何地用舌头打了个响,又恋恋不舍地去观察一次显微镜。真是奇怪!脸色的表情由灰心变成了惊异,由惊异又显出了希望。原来,所有的晶体虽然都出现了半面晶形平面,但其出现的位置并不相同。有些晶体是向右的,有些晶体是向左的。出现这种现象一定是有什么原因。他发现出现在右面的是与普通的酒石酸盐相同的晶体。他耐心地把左右双方分开,把右方的晶体加水溶解后用旋光计进行了检查,发现它与酒石酸同样,其偏振面是向右方旋转的。然后,又把左方的晶体也加水溶解,也用旋光计做了检查。他认为这可能是迄今为止尚未发现的左旋活性的新酒石酸吧!偏振面若能向左旋转那可就太好了……一边抱着这样的希望,一边聚精会神地进行着观察,果然如愿以偿了!

巴斯德高兴得坐不住了。"伟大的发现! 伟大的发现!"一边大声疾呼一边跑出暗室,揪着宿舍里的伙伴,把他一直拖到留库桑卜尔公园。使人回忆起来,正像阿基米德赤裸着身体从西拉克萨街跑出来的情景一样。一口气地向自己的伙伴讲完了伟大发现的整个经过,这时巴斯德才控制住了自己的兴奋。

寻找葡萄酸

在酒石酸和葡萄酸的微小晶体里蕴藏着想象不到的奥秘。尤其是在认识到葡萄酸是右旋和左旋两种酒石酸的等量混合物之后,这个新事实现已明确了。但是关于左旋酒石酸今后还有许多需要研究的问题。从葡萄酸来制取它也有不便之处。跟酒石酸不同,葡萄酸是一种很难得到的酸。从哪里能弄到手呢? 这是当时使巴斯德最伤脑筋的难题。

在阿尔萨斯的但恩这个地方已经没有这种葡萄酸了。听说赞格森有这种东西,巴斯德立即出发前往。不管是赞格森还是哪里,只要能够找到葡萄酸,就是翻山越岭到天涯海角也要去,费时一到十年都不在话下。为了找到葡萄酸,于是巴斯德就凭着传闻而开始了长途旅行。

在赞格森,他找遍了莱比锡附近的所有葡萄酒厂,都没有发现葡萄酸。后来又听说奥地利的维也纳有葡萄酸,于是又立即跑到那里,但是也没有找到。又听说波希米亚的布拉格有,结果还是同样没有达到目的。正像古代的炼金家寻找"哲人石"那样终日奔波,也像圆桌骑士追求圣杯那样长年到处寻找,巴斯德由于一心想得到葡萄酸而走遍了东南西北。但是所到之处都是以失望而告终。这一次又一次的失望,把他出发时的热情逐渐冷却下来了。最后,不得不改变方向又回到斯特拉斯堡。他在斯特拉斯堡的大学里担任了化学教师。没料到在这里终于找到了过去费了九牛二虎之力也未找到的葡萄酸。巴斯德自己也很惊叹命运的不可思议。他在斯特拉斯堡自己的实验室里,也并不是使用了现成的葡萄酸,而是在配制酒石酸溶液时,对酒石酸进行了数小时的高温加热中不知何时酒石酸变成了葡萄酸。经过进一步证明后确是如此。这显然又是一个有机化学的新发现。这样一来,他也就不再担心研究时原料不足的问题了。

不仅如此,在加热酒石酸制取葡萄酸时还生成了一种物质。虽然它跟普通的酒石酸具有同样的组成和同样的性质,但是没有旋光作用。另外,这种物质不能分为右旋和左旋两种酒石酸。在这一点上也是跟葡萄酸不同的,这是在当时完全属于未知的第四种酒石酸。也就是现在所说的无旋光性酒石酸,又称为内消旋酒石酸。

关于巴斯德发现酒石酸一事至此也还尚未结束。

如前所述,葡萄酸能分为两种酒石酸。一种处理方法是像巴斯德所做过的那样,先制成晶体,然后观察其生成半面晶形平面的不同,并用于选择分开。但这时生成晶体(以钠铵盐为例)的温度一定要在 27℃ 以下。如果在 27℃ 以上则不能生成右旋和左旋的酒石酸,只能生成葡萄酸的晶体。由此可以看出,巴斯德最初研究葡萄酸晶体的温度似乎是高于 27℃,后来重复实验时是低于 27℃。就这样通过为数不多的实验,巴斯德陆续地发现了各方面的一些重要事实。

把葡萄酸分成为左右两种酒石酸还有一些方法。例如一种方法是向它的盐溶液加入一种营养物质,培养其中的细菌生长。还有一种方法是向葡萄酸的溶液里加入一种具有旋光能力的碱性物质(如右旋的马钱子碱等),使葡萄酸以盐的形式生成晶体。现在时常使用的一些方法,几乎都是巴斯德发现的。

酒石酸的奥秘

那么这里所说的酒石酸和葡萄酸究竟是什么样的物质呢?它们具有同样的化学组成,化学性质也相同,所以结构式也是同样的,只是对于偏光振动面的性质和晶体上的性质不同。这是少有的、不可思议的化合物。但是对葡萄酸本身还是了解的。它是由右旋酒石酸和左旋酒石酸两者等量结合而成的，其左、右的旋光作用恰好抵消了，所以不显旋光性。

那么，所说的右旋酒石酸和左旋酒石酸又是什么样的物质呢？还有所谓第四种的不旋性酒石酸又是什么样呢？开始认为左、右两者的关系跟左、右水晶的关系相似，但水晶只是在晶体时才有旋光作用，酒石酸则只有在溶液状态时才呈现旋光作用。也就是当分子处于分散状态时才发生这种现象。如果这样的话，是否可以说在水晶的右水晶和左水晶的晶体里，其分子的堆积状态是相反的，而酒石酸的分子中的原子排列也是正相反的呢？原子的排列究竟有什么不同呢？巴斯德对此抱有很大的疑问，但是他自己也说解决不了。他说："不管怎么说，有一点是可以肯定的。那就是它的排列状态像右手和左手那样，或者又像向右旋转的螺旋式楼梯和向左旋转的螺旋式楼梯那样，只是在左右关系上有所不同。这是完全可以断言的。"

巴斯德找到了一个很好的比喻。巴斯德意料不到的是对于酒石酸的研究，成了探索蕴藏着物质分子结构奥秘的地下暗室的阶梯。虽然一步一步地摸索着下去也会有风险，但却是一个最近的途径。巴斯德虽然为探索这个奥秘所吸引，但是并未能沿着这个途径深入下去。因为还有许多其他方面的重要任务需要他去完成。

名句箴言

与其夸大胡说，不如宣布那个聪明的、智巧的、谦逊的警句："我不知道"。

——伽利略

空间分子结构的提出

莱茵河从东而西横贯着荷兰，在它注入北海的河口附近，有一座繁华的城镇。在城镇前面横卧在莱茵河三角洲上有一个小岛，著名的米德尔哈尔尼斯村庄就坐落在岛上。荷兰的著名的风景画家霍贝玛有一幅杰作，就是画的这座风景优美的村庄。

神童范霍夫一家恰好就居住在这

幅画所描绘的村庄的附近。农庄主人有一个孙子名叫范霍夫,全称叫雅可比·享利克·范霍夫,他的父母都是医生。范霍夫是七个孩子中的第三个,长期放在农村的祖父母家里抚养,祖母很喜欢孩子,还办过幼儿园,更特别喜欢范霍夫,无微不至地照顾着自己的孙子。

范霍夫

小范霍夫时常出现在这里的草原上玩弄花草和昆虫。他虽然很小,但是对大自然美丽壮观的景色常常看得入迷。他天资聪明,在幼儿园和小学校里的表现时常使人感到惊奇。各门课程的学习成绩都好,特别是数学成绩更为突出。对于唱歌或弹琴也都爱好,并受到过赞扬。自从学校开设了物理和化学实验以后,他就对实验抱有浓厚的兴趣,即使是在休息的日子,也争取到实验室精心地做些自己所喜欢的实验。有时被老师发现而受到批评。他在家里也积极做各种实验。这个学校的校长原是学习化学专业的,时常向学生讲述一些有机化学的发展史,虽然班里其他同学感到很难懂,但是范霍夫却认为十分有趣,总是热心听讲。这时他也许就打算要在不久的将来成为一个继承和发展化学历史的人了。

父亲本打算让范霍夫学习法律,将来进入政治界,但是范霍夫坚持学习理科。父亲说:"学习理科将来到社会上有什么用?!"而加以拒绝。后来采取了折中办法,决定让他去学习工科,毕业后当技师。

在17岁时他进入德尔夫特的高等工业专门学校。在校学习期间曾利用暑假到制糖厂去实习,以后感到应用化学专业有些单调无趣,并逐渐产生了厌烦情绪,以致终于按着自己的志愿改学了理论化学。从此,他在学习上更加倍努力,仅用两年的时间就提前结束了工业学校的三年课程,接着又进入莱顿大学深造。为了给学习化学做好准备,先学习了物理学和高等数学。他认为要想学好化学,如果没有必要的物理和高等数学做基础是难以达到目的的。这确实是一个经过充分考虑过的卓识远见,也是使他将来能够在伟大的化学家中间放出奇光异彩的重要因素。

范霍夫在莱顿学习一年之后就到德国的波恩大学继续深造。当时的波恩大学是由凯库勒做化学教授。凯库勒刚刚发表了有机化合物的结构理论和苯的结构学说,正是在有机化学领域名扬四海的时候。慕名而来的范霍夫感到十分兴奋。他来此不久就立刻写封家信说:"敬爱的父亲,从上周三开始学校开放了实验室,说是实验室还莫如说是座庙宇更为恰当。周围排列着许多伟大化学家的半身坐像。仰望这些塑像使人产生了敬佩之情。凯库勒老师则是健在的伟大化学家。他的崇高声誉已经风靡着半个世界。跟随这位老师学习的学生,有来自 10 个国家的上百名学者,他们夜以继日地聚集一起讨论着学术问题……"

他在凯库勒的指导下,抱着十分浓厚的兴趣钻研着有机化学结构理论的最新课题。

在这里,对他起着吸引作用的不只是凯库勒,波恩本身也在吸引着他。他兴高采烈地说:"莱顿到处都是散文——城镇是,郊外也是,人也是。同时,波恩也到处都是诗篇。"

此时的范霍夫已是 20 岁左右的青年了。幼年时代的特性随着岁月的流逝而不断发展。波恩的风月之美培育了他的诗意。过去他就爱读海涅等人的作品,也像门捷列夫一样,特别喜欢拜伦的作品。从他的日记、书信和随笔中都常发现他引用拜伦的诗句,或者模仿拜伦的作品写一些英文诗。

范霍夫还是一位深思熟虑的青年。在这方面他常读孔德(Comte)、惠威尔(W. Whewell)和泰纳(A. Taine)等人的书籍。他总是以追求真理和崇尚真善美为己愿,想成为一个真、善、美的完人,不愿成为一个学究式的青年人。这就是他的奋斗目标和努力方向。他在回忆自己的学生时代时,曾经深有感触地说:"如果没有拜伦和其他一些诗人和哲学家们的启发和影响的话,我也就只能成为一块干巴巴的知识的堆积物了。"

然而,他的周围朋友却只是专注于学习专业知识,此外就不愿再学别的了。他经常是独自地爱读一些其他书籍,大胆地深思一些问题,令人吃惊的是能够提出一些人们尚未察觉到的事实和疑问。

凯库勒也是如此,也是一位善于思考和惯于钻研问题的人。他在伦敦时的一个夏天的深夜,就在打瞌睡的时候,梦见了原子的相互结合,使他对有机化学结构的道理顿有所悟。此外,还在一个严冬的夜里,当他在炉旁瞌睡时,梦见了蛇咬着尾巴来回游动的情景,由此而启发他想出了苯环的结构。这样的回忆是否对范霍夫也介绍过呢?这当然不得而知,但凯库勒经常说:"需要做梦,梦中也能得到重大的发现。尤其是在梦醒之后应当用清醒的头脑进行分析和判断。不经过这样的步骤是不能对外发表的。"

范霍夫的身体并不很健壮。身体虽然弱些,但是具有神采奕奕的端正秀丽容貌,略微突出的前额,活泼明朗的眼睛和温柔音乐般的声音。完全是一派文质彬彬的风姿。

1874 年初他辞别了凯库勒,并经凯库勒的建议来到了巴黎的化学家武兹研究室。武兹是当时法国的结构化学权威。当范霍夫来到这里时,正好室内有一位在阿尔萨斯出生、比他高五年的研究生勒贝尔。勒贝尔是与范霍夫具有同样风度和远大理想的青年。他在幼年时喜欢花草、蝴蝶和音乐，特别崇拜作曲家瓦格纳（W. R. Wagner, 1813—1883 年）。文艺方面很爱读巴尔扎克的作品，也像范霍夫学习拜伦那样常用德语写诗。他俩并未有过什么特殊交往，只是由于偶然的机缘而建立了友谊。

范霍夫只在巴黎停留了半年。遵照父母的意愿又回到荷兰，向乌特勒支大学提出了学术论文并获得了博士学位。

"空间的分子结构"这篇论文是范霍夫来到乌特勒支不久，于 1874 年 9 月提出的。详细题目是："把现在惯用的化学结构式发展到空间的化学结构式"副标题"关于有机化合物的旋光作用和化学结构的关系。"如前所述，这虽然是一篇划时代重要论文，但是却像石沉大海一样被淹没了。他觉得这可能是由于论文是用荷兰语写的关系，所以他在翌年就用法语并改题为"空间化学"发表，然而仍然毫无反响。

此外，虽然他好不容易地取得了学位，但是却找不到职业，不能照顾和抚慰父母。在这样走投无路的情况下，只好在报纸上刊出应聘广告。直到 1876 年春，才在乌特勒支城镇的兽医学校谋到了个助教的职务。

第二年的春天，期望的反响终于到来了。他的名字开始在学术界中流传了起来。两年前，他的论文在德国被译出，并由维尔茨堡大学的威利森努斯教授写了热情赞扬的译序。序言中说："这是开辟了一个无限广阔化学新天地的创举。"

但是也有人冷嘲热讽或提出了强烈的批判。如有人说："为妄想所欺骗的和玩弄空论而使化学陷入歧途的人,近50年来已经无影无踪了,此后才使以实验为基础的、在正确道路上前进着的化学有了今天。然而未料到的是在近年来却又有人宣传做梦,企图骚扰神圣的学术界。所谓的那个'空间化学'不就是这样的东西吗?"这同过去有人谩骂门捷列夫周期律的发现是无稽之谈的语调是十分相似的。这个批判是来自莱比锡大学的柯尔贝教授。他还进一步讽刺地说:"据说作者是某兽医学校的教师。在兽医学校里可能有优良种马,应该从中挑选出一匹能够腾空的飞马,骑上它飞向帕那萨斯山去吧,在那里就可以自由自在地研究'空间化学'了。"柯尔贝还说:"这样梦想的理论本来是不屑一顾的,只是因为那位名叫威利森努斯的教授却倍加赞赏,这样我就不能不发表一点意见了。"

这样,化学就像出现了新天地一样,以范霍夫的立体学说为基础创建了立体化学新分支。这一研究范围已不只局限于纯化学,同时还广泛涉及到了物理化学、光学、医化学、生理学和发酵化学等领域,而且还在向着原子结构的理论方面发展着。

巴黎大学的勒贝尔让我们再回到1874年。当范霍夫的论文——《空间的分子结构》发表了两个月以后,巴黎的《化学会志》的11月号刊载了题目为"有机化合物的结构和旋光性的关系"的论文。要点与范霍夫的论文相同,同时也只有10页半的篇幅,在内容的简明程度上也是相似的。作者是谁呢?不是别人正是勒贝尔。就是范霍夫五个月前在巴黎告别的那位勒贝尔。当然,在巴黎时两人虽然对这个问题丝毫也没有交换过意见。不料却在两人的头脑里都分别酝酿着相同的观点。

如果一定要找出两人论文的不同点的话,那就是范霍夫是作为波恩学派的一员,从凯库勒的结构论出发来阐述的,而勒贝尔因在巴黎学习,所以是从巴斯德的研究开始的。因此,范霍夫能够比较深入地接触到化学的实质,这就便于随着化学的进步而进一步发展。除这一点之外,在发表的时间上也有两个月的差别。所以,在评论立体化学的创建和贡献时,一般是把范霍夫列在勒贝尔的前面,也时常用范霍夫的名字为代表。

范霍夫的贡献和荣誉从 1877 年范霍夫一朝成名的那年开始,就担任了阿姆斯特丹大学的讲师,翌年就任教授。虽然这里的实验室很狭小,设备也很简陋,自己的教学负担又相当繁重,但是范霍夫还是克服了许多困难,在这里坚持工作达 18 年之久。

在这 18 年之间,他发表了几篇杰作。1884 年出版了巨著《化学动力学的研究》。在范霍夫以前虽然也曾有人把热力学应用到化学上讨论过化学平衡,或者运用数学研究过反应速度,但是从未有过像他这样系统地结合许多实验事例来进行讨论和研究。这部著作对于将来必须运用物理学和数学来探索和研究化学理论提供了准备条件和奠定了基础。从这一点来说,这部著作的完成,在理论化学上是空前的,因而一直作为一部经典著作而受到重视。

第二年,他又发表了稀薄溶液的论文。他从渗透压的实测值中发现,渗透压原理是同气体压力原理完全一致的。这说明物质溶解于液体正如气体扩散于空间一样。此外还证明了多数的气体定律也能照样地完全适用于溶液。把最为一般的化学反应的两种形式,即把气态反应和液态反应两者密切联系起来的工作本身,就是理论化学上的一大进步。这个贡献就使范霍夫的名字一跃成为仅次于阿佛加德罗的地位了。

不管是稀薄溶液理论,还是上述的化学动力学的研究,都是以气体运动的理论为基础,并运用热力学理论成功地加以解决的。范霍夫的高超才能,是来自于他个人的数学素养和聪明才智。总之,范霍夫在化学舞台上卓越地完成了他的历史使命。

但是,他所提出的溶液理论,还需要根据不同溶液的具体情况加以补正。也就是说,这还不是能够完全适用于一般场合的定律。至于为什么需要进行补正?这个问题范霍夫并未能解决,而是转让给阿累尼乌斯了。

当时,范霍夫以理论化学界的开创者身份和地位,大名鼎鼎,风靡各地,给阿姆斯特丹大学带来了荣誉,同时也成了荷兰科学学术界的骄傲。很自然地莱比锡大学也提出了聘请。请范霍夫接替古斯塔夫·魏德曼(Gustav Wiedemann,1826—1899 年)承担物理化学的讲座。但未获得应允。后来,又有柏林大学和其他几个大学也相继以优厚的待遇来聘请,也均遭谢绝。只是在最后终因盛情难却,才在 1896 年不得不接受了柏林大学以空前的厚遇——每周只授课一次并赠送专用的研究所的条件,聘他担任了柏林大学的名誉教授。翻阅荷兰的科学史可以看到,200 年前著名的荷兰物理学家惠更斯,也曾经由于柯贝尔的恳求而应聘到巴黎。这是类似的历史事件的又一次重演。

范霍夫在阿姆斯特丹时,因为研究工作和其他事务的负担过重,身心很累,直至到了需要休养的程度。这是到了柏林之后才成为一个自由的研究者。他在柏林西郊的维尔马斯德洛夫研究所里,同他的忠实助手,同时也是亲密的朋友迈尔霍弗(Wilhelm Meyerhoffer,1863—1906 年)一起,开展了对物理化学问题的研究,特别是关于斯特拉斯堡盐积层的平衡理论的研究、植物体内的酵素作用力学的研究等。有时由于应邀去做学术讲演、参加学术会议和度假休养等,还常到欧洲各地和北美去旅行,以此来迎送着安静的岁月。

范霍夫生来就不很健壮的身体,到晚年时又患了肺病,终于迫使这位化学奇才离开了人间。时间是1911年3月1日,时年59岁。

范霍夫(右)与克拉克(左)

同许多伟大的化学家相比,59岁的生涯并不算是长寿,从其所做出贡献的数量和范围来说,或以伟大的化学家的标准来衡量,虽然不能说是非常突出,但是就他的成就所取得的划时代的意义这一点来说,他的一个又一个的贡献都是光辉灿烂的。实际上,范霍夫的贡献中多是别人所难以完成的(比如勒贝尔虽然也研究了立体化学,但是能否像范霍夫那样建立起立体化学的较为完整体系则是个疑问),想到这一点就更感到值得敬佩。此外,从具有远大理想的化学家才做出这样独创的贡献来看,也是值得受人尊敬的。

从 1858 年价键学说的建立,到 1916 年价键的电子理论的引入,是经典有机化学时期。

1858 年,德国化学家凯库勒和英国化学家库珀等提出价键的概念,并第一次用短划"一"表示"键"。他们认为有机化合物分子是由其组成的原子通过键结合而成的。由于在所有已知的化合物中,一个氢原子只能与一个别的元素的原子结合,氢就选作价的单位。一种元

库珀

素的价数就是能够与这种元素的一个原子结合的氢原子的个数。凯库勒还提出,在一个分子中碳原子之间可以互相结合这一重要的概念。

1848 年巴斯德分离到两种酒石酸结晶,一种半面晶

向左,一种半面晶向右。前者能使平面偏振光向左旋转,后者则使之向右旋转,角度相同。在对乳酸的研究中也遇到类似现象。为此,1874年法国化学家柯贝尔和荷兰化学家范霍夫分别提出一个新的概念,圆满地解释了这种异构现象。

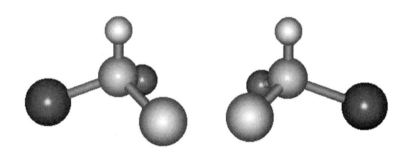

一对旋光异构体模型

　　他们认为:分子是个三维实体,碳的四个价键在空间是对称的,分别指向一个正四面体的四个顶点,碳原子则位于正四面体的中心。当碳原子与四个不同的原子或基团连接时,就产生一对异构体,它们互为实物和镜像,或左手和右手的手性关系,这一对化合物互为旋光异构体。柯贝尔和范霍夫的学说,是有机化学中立体化学的基础。

　　1900年第一个自由基,三苯甲基自由基被发现,这是个长寿命的自由基。不稳定自由基的存在也于1929年得到了证实。

在这个时期,有机化合物在结构测定以及反应和分类方面都取得很大进展。但价键只是化学家从实践经验得出的一种概念,价键的本质尚未解决。

现代有机化学时期

在上帝创造的自然世界的旁边，化学家又创造了另一个世界。

——伍德沃德

名句箴言

现代有机合成之父

伍德沃德 1917 年 11 月 10 日生于美国马萨路塞州的波士顿。从小喜读书，善思考，学习成绩优异。1933 年夏，只有 16 岁的伍德沃德就以优异的成绩，考入美国的著名大学麻省理工学院。在全班学生中，他是年龄最小的一个，素有"神童"之称，学校为了培养他，为他一人单独安排了许多课程。他聪颖过人，只用了 3 年时间就学完了大学的全部课程，并以出色的成绩获得了学士学位。

伍德沃德获学士学位后，直接攻取博士学位，只用了一年的时间，学完了博士生的所有课程，通过论文答辩获博士学位。从学士到博士，普通人往往需要 6 年左右的时间，而伍德沃德只用了一年，这在他同龄人中是最快的。

伍德沃德

获博士学位以后，伍德沃德在哈佛大学执教，1950 年被聘为教授。他教学极为严谨，且有很强的吸引力，特别重视化学演示实验，着重训练学生的实验技巧，他培养的学生，许多人成了化学界的知名人士，其中包括获得 1981 年诺贝尔化学奖的美国化学家霍夫曼（R. Hoffmann）。伍德沃德在化学上的出色成就，使他名扬全球。1963 年，瑞士人集资，办了一所化学研究所，此研究所就以伍德沃德的名字命名，并聘请他担任了第一任所长。

伍德沃德是本世纪在有机合成化学实验和理论上，取得划时代成果的罕见的有机化学家，他以极其精巧的技术，合成了胆固醇、皮质酮、马钱子碱、利血平、叶绿素等多种复杂有机化合物。据不完全统计,他合成的各种极难合成的复杂有机化合物达 24 种以上,所以他被称为"现代有机合成之父"。

伍德沃德还探明了金霉素、土霉素、河豚素等复杂有机物的结构与功能,探索了核酸与蛋白质的合成问题、发现了以他的名字命名的伍德沃德有机反应和伍德沃德有机试剂。他在有机化学合成、结构分析、理论说明等多个领域都有独到的见解和杰出的贡献,他还独立地提出二茂铁的夹心结构,这一结构与英国化学家威尔金森(G. Wilkinscn)、菲舍尔(E. O. Fischer)的研究结果完全一致。

1965 年,伍德沃德因在有机合成方面的杰出贡献而荣获诺贝尔化学奖。获奖后,他并没有因为功成名就而停止工作。而是向着更艰巨复杂的化学合成方向前进。他组织了 14 个国家的 110 位化学家,协同攻关,探索维生素 B_{12} 的人工合成问题。在他以前,这种极为重要的药物,只能从动物的内脏中经人工提炼,所以价格极为昂贵,且供不应求。

维生素 B_{12} 的结构极为复杂,伍德沃德经研究发现,它有 181 个原子,在空间呈魔毡状分布,性质极为脆弱,受强酸、强碱、高温的作用都会分解,这就给人工合成造成极大的困难。伍德沃德设计了一个拼接式合成方案,即先合成维生素 B_{12} 的各个局部,然后再把它们对接起来。这种方法后来成了合成所有有机大分子普遍采用的方法。

合成维生素 B_{12} 过程中，不仅存在一个创立新的合成技术的问题，还遇到一个传统化学理论不能解释的有机理论问题。为此，伍德沃德参照了日本化学家福井谦一提出的"边界电子论"，和他的学生兼助手霍夫曼一起，提出了分子轨道对称守恒原理，这一理论用对称性简单直观地解释了许多有机化学过程，如电环

福井谦一

合反应过程、环加成反应过程、σ键迁移过程等。该原理指出，反应物分子外层轨道对称一致时，反应就易进行，这叫"对称性允许"反应物分子外层轨道对称性不一致时，反应就不易进行，这叫"对称性禁阻"。分子轨道理论的创立，使霍夫曼和福井谦一共同获得了 1981 年诺贝尔化学奖。因为当时，伍德沃德已去世 2 年，而诺贝尔奖又不授给已去世的科学家，所以学术界认为，如果伍德沃德还健在的话，他必是获奖人之一，那样，他将成为少数两次获得诺贝尔奖金的科学家之一。

伍德沃德合成维生素 B_{12} 时,共做了近千个复杂的有机合成实验,历时 11 年,终于在他谢世前几年实现了,完成了复杂的维生素 B_{12} 的合成工作。参加维生素 B_{12} 之合成的化学家,除了霍夫曼以外,还有瑞士著名化学家埃申莫塞等。

在有机合成过程中,伍德沃德以惊人的毅力夜以继日地工作。例如在合成番木鳖碱、奎宁碱等复杂物质时,需要长时间的守护和观察、记录,那时,伍德沃德每天只睡 4 个小时,其他时间均在实验室工作。

伍德沃德谦虚和善,不计名利,善于与人合作,一旦出了成果,发表论文时,总喜欢把合作者的名字署在前边,他自己有时干脆不署名,对他的这一高尚品质,学术界和他共过事的人都众口称赞。

伍德沃德对化学教育尽心竭力,他一生共培养研究生、进修生 500 多人,他的学生已布满世界各地。伍德沃德在总结他的工作时说:"之所以能取得一些成绩,是因为有幸和世界上众多能干又热心的化学家合作。"

1979 年 6 月 8 日,伍德沃德积劳成疾,与世长辞,终年 62 岁。他在辞世前还面对他的学生和助手,念念不忘许多需要进一步研究的复杂有机物的合成工作,他逝世以后,人们经常以各种方式悼念这位有机化学巨星。

名句箴言

知识是引导人生到光明与真实境界的灯烛，愚昧是达到光明与真实境界的障碍，也就是人生发展的障碍。

——李大钊

石油化学工业的形成和发展

炼焦工业和煤气工业的发展，使其富产物煤焦油充分地利用，从而发展了化学工业，尤其是染料化工获得了迅猛的发展，由于这些化工原料，无论是烃类或芳香烃类都是从煤的利用开始的，所以又把它们统称为煤炭化工。自从20世纪以来，一方面由于冶炼钢铁技术的地步，焦炭的用量相对下降，炼焦工业提供的芳香烃满足不了有机化工发展的需要；另一方面，由于电石产乙炔消耗的电量太大，其发展受到限制。在这种情况下，有机化工需要大量的廉价烯烃，煤焦油化工和电石化工都不能满足需要。可是在这个时期，石油已经大量作为动力燃料，世界各地发现了不少大油田，采油技术迅速提高，石油

煤焦油是黑褐色、粘稠的油状液体

产量猛增。炼制石油除了汽油、煤油等燃料外，还有大量的不饱和烃、环烃和芳香烃等，都是极其有用的化工原料。化学工业由于应用了量大而价廉的化工原料，于是化学工业便从煤炭化工转到了石油化工。这意味着化学工业的原料基本上都来自石油和天然气。由于石油和天然气的大量的利用，推动了石油化工的迅速发展，主要包括以下一些内容。

乙烯系产品的形成。在第一次世界大战以前，德国比特菲尔德的化学工厂，用无定形氧化铝在360℃下使乙醇脱水生产乙烯。在第一次世界大战中，各交战国又创造了几种制造乙烯的方法，使生产的乙烯用来制造芥子气。1920年，美

国联合碳化公司创造了将乙烷和丙烷的混合气体进行脱氢和高温裂解以制取乙烯的实验,将于 1923 年投入生产,建成了第一个石油化工基地。到 50 年代,广泛以石油和天然气为原料,用烃类裂解制取烯烃已成为制取化工原料的重要方法。然后再以乙烯为原料制取环氧乙烷、乙醛、氯乙烯、聚氯乙烯、醋酸乙烯等系列生产技术。

丙烯系产品的形成。1851 年,德国化学家雷诺(Reynolds)把戊醇蒸气通过红热的玻璃管,将生成的气体冷却、分离,发现了丙烯。在石油化学工业中,相继发现了生产丙烯的多种方法。如将高级烃裂化制造汽油时,副产物是丙烯;由乙烷、丙烷和丁烷裂解制乙烯时,可以生产丙烯;用轻汽油和更重

雷诺

要的石油馏分裂解制乙烯时,也可以生产丙烯。近几十年来,丙烯的利用迅速发展,一系列丙烯衍生物相继投入生产。1951 年,英帝国化学公司创造了丙烯直接水合法制异丙醇。1952 年,美国田纳西州的伊斯特曼公司把丙烯转化成正相醛

和异丁醛,并实现了工业化。这样一来,原来以电石乙炔为原料的某些重要的有机合成中间体,如丙烯腈、丙烯醛和丙烯酸酯等逐渐改用廉价的石丙烯做原料而大规模地生产。由丙烯做基本原料,创造了羰基合成醇、异丙苯、丙烯腈、丙烯酸、合成汽油等系列产品技术。

石油制芳香烃。大约到 1940 年,创造了两种方法可以生产较大量的芳香烃。一是应用石油催化重整可以生产苯、甲苯和二甲苯等芳香烃;二是应用烃裂解法制乙炔,副产的裂解汽油中含有接近一半的芳香烃,因此石油也成为制芳香烃的重要来源。自石油制芳香烃技术出现以后,苯在化学工业上的需求量大大增加。其主要用于三方面:生产苯乙烯,1925 年美国开始生产苯乙烯,同年法本公司在德国建成一座年产 500 吨的苯乙烯工厂,用以制造聚苯乙烯塑料和合成橡胶;生产环己烷,作为生产耐绘的中间体;生产异丙苯,作为合成苯酚的中间体。

石油制合成气。合成气是一氧化碳和氢的混合物,用于生产合成氨及一系列有机产品。1950 年,美国首先用天然气生产合成气。1962 年,英帝国化学工业公司创造了轻汽油水蒸气转化法制合成气。巴斯夫公司等开发了原油部分氧化制合成气的方法,经壳牌公司改进以后,从甲烷到重质油都可作为制合成气的原料。以石油和天然气代替焦炭制合成气技术的发展,促进了合成氨、甲烷、乙醇、乙二醇、醋酸等技术的发展。

石油制乙炔。石油裂解制乙炔的方法,代替了用电石制取乙炔的方法后,促进了乙炔化学体系的发展。当美国于1951年建成第一批天然气氧化裂解装置时,一吨乙炔的成本,如以电石为100计,则天然气电弧裂解法为80,丙烷热裂解法仅为40,氧化热裂解法为55,因此以天然气和石油做原料的化工产品生产路线获得了迅速的发展。特别是三大合成材料的原料几乎全是石油化工的产物。石油化工技术体系几乎全部取代了煤化工技术体系,改变了整个化学工业的面貌。

19世纪中到20世纪初，有机化学工业逐渐变为以煤焦油为主要原料。合成染料的发现，使染料、制药工业蓬勃发展，推动了对芳香族化合物和杂环化合物的研究。20世纪30年代以后，以乙炔为原料的有机合成兴起。40年代前后，有机化学工业的原料又逐渐转变为以石油和天然气为主，发展了合成橡胶、合成塑料和合成纤维工业。由于石油资源将日趋枯竭，以煤为原料的有机化学工业必将重新发展。当然，天然的动、植物和微生物体仍是重要的研究对象。

未来有机化学的发展首先是研究能源和资源的开发利用问题。迄今我们使用的大部分能源和资源，如煤、天然气、石油、动植物和微生物，都是太阳能的化学贮存形式。今后一些学科的重要课题是更直接、更有效地利用太阳能。

对光合作用做更深入的研究和有效的利用，是植物生理学、生物化学和有机化学的共同课题。有机化学可以用光化学反应生成高能有机化合物，加以贮存；必要时则利用其逆反应，释放出能量。另一个开发资源的目标是在有机金属化合物的作用下固定二氧化碳，以产生无穷尽的有机化合物。这几方面的研究均已取得一些初步结果。

其次是研究和开发新型有机催化剂，使它们能够模拟酶的高速高效和温和的反应方式。这方面的研究已经开始，今后会有更大的发展。